兰新铁路线上的传说

朱坤 编著

西南交通大学出版社
·成都·

图书在版编目（CIP）数据

兰新铁路线上的传说 / 朱坤编著. —成都：西南交通大学出版社，2017.7
ISBN 978-7-5643-5609-5

Ⅰ.①兰… Ⅱ.①朱… Ⅲ.①铁路线路－介绍－西北地区 Ⅳ.①U21

中国版本图书馆 CIP 数据核字（2017）第 173241 号

兰新铁路线上的传说

朱坤　编著

责任编辑　周　杨
封面设计　曹天擎

出版发行　西南交通大学出版社
　　　　　（四川省成都市二环路北一段 111 号
　　　　　西南交通大学创新大厦 21 楼）
发行部电话　028-87600564　87600533
邮政编码　　610031
网址　　　http://www.xnjdcbs.com
印刷　　　四川煤田地质制图印刷厂

成品尺寸　148 mm×210 mm
印张　　　4.75
字数　　　105 千
版次　　　2017 年 7 月第 1 版
印次　　　2017 年 7 月第 1 次
书号　　　ISBN 978-7-5643-5609-5
定价　　　28.00 元

图书如有印装质量问题　本社负责退换
版权所有　盗版必究　举报电话：028-87600562

序

　　这是一本介绍兰新铁路的书,是一本带有传奇色彩,融知识性、趣味性和实用性为一体的读物。通过自然生态、历史故事、神话传说,读者可以看到兰新铁路戈壁小站站名的来历,可以看到那些封尘于世的历史典故是如何同兰新铁路的一个个小站联系起来的,这从一个侧面反映了新中国成立初期,西部铁路职工艰苦创业的历史足迹,以及当下这些铁路小站的时代变迁。

　　兰新铁路从兰州西渡黄河,穿过河西走廊,穿越新疆戈壁绿洲,与古丝绸之路并行,直至西部国境口岸阿拉山口,是国家路网的重要组成部分。这条铁路的经济贡献有目共睹,文化传播与交流的历史则更为久远,沿途人文古迹灿若星河,丝绸之路随着现代社会的发展日新月异。在瀚海戈壁,火车驮来了一个个新兴的小城镇,这些小城镇的名称,有的是丝绸之路的驿站名,有的是地形地貌的代名词,都有一定历史、民间传说的影子,今天看来它们都融合了地域文化和工业文明,是一个时代的特殊记忆。

作者是一名第二代的"老兰新",曾长期在兰新铁路工作生活,具有丰富的工作积淀和生活底蕴,通过这本书希望可以将时代精神传承给新一代"兰新人"。如果你是兰新铁路的过客,也可以在欣赏大漠风光的同时参考这些故事。

王 波

2017 年 5 月

编者的话

我应该算是兰新铁路第二代职工。

我 1971 年参加工作时,是一个初中生。我永远不会忘记师傅们对我们这一代如何地爱护和羡慕,视我们为文化人,经常让我们替他们写这写那,最多的是写信。师傅们大多是中华人民共和国成立初期参加铁路工作的,用扁担和大筐,用肩膀和汗水,抬着兰新铁路在古丝绸之路上不断西延,他们有军人、有农民,还有四处讨生活的人们,虽然没有文化,但是凭着对新中国的热爱,对幸福生活的向往,无怨无悔,在戈壁小站,在风区铁路,干了一辈子。所以,见了我们读过书的,十分敬重,在挥洒汗水的工作岗位上,在工余昏暗的煤油灯下,他们十分乐意同我们交流,讲他们一路走来的故事,讲他们一路的所见所闻。那是 1985 年,我身边的师傅们,第一代兰新铁路职工陆续开始退休,我想记住他们,一个念头冒了出来,为什么不能将他们把铁路在丝绸之路上不断西延所见所闻分门别类记下来呢。于是就有了《兰新铁路线上的传说》等文字。

《传说》最初在《新疆铁道报》连载,其后有位领导说《传说》有封建迷信的色彩，在《新疆铁道报》连载恐怕不好，虽然编辑们据理力争，但是还是停了下来。这也难怪，在改革开放初期，解放思想不是十分容易的事情。越是民间的越有生命力，后来，《人民铁道》报的编辑李晓华见到了《传说》，给我打了长途电话约稿。我当时在一个戈壁小站，打一个长途电话是多么不容易的事情，我受宠若惊，加快修改的进度，以适应《人民铁道》报连载的要求，再后来《人民日报》文摘版也发了我的《兰新铁路站名拾趣》，以后又有多家报刊选用了《兰新铁路线上的传说》。

又是三十年过去了，我也完成了历史的接力，到了退休的年龄。兰新铁路发生了巨大变化，通电通水，兰新复线开通，提速，电气化，二线客专，应接不暇。许多小站像古丝绸之路的驿站一样，完成了历史使命，撤销了，关闭了。好多小站没了，第一代兰新铁路工人也陆续去世了，他们建设起来的兰新铁路，就是他们的永恒纪念。没有想到的是，许多人记得那些小站，记得《兰新铁路线上的传说》，时常提起。由于发表在各个刊物上，许多人没有看过全部，劝我整理出来。有人乐意看，也是一件好事，整理出来，就算是献给兰新铁路的纪念吧。毕竟，兰新铁路留有我的人生轨迹。

2017 年 3 月

目 录

兰州为什么叫金城 .1
陈官营——丝绸之路的要塞 .4
黄河石 .7
苦水玫瑰 .10
一个歇后语的故事 .13
乌鞘岭上韩湘子的传说 .15
天祝白牦牛的传说 .17
铁柜山和香灵寺 .20
红军杨 .22
胭脂花的故事 .24
山 丹 .27
张掖的由来 .29
祁连山的传说 .32
神秘的骆驼城 .34
童华救田救民 .36
冯胜激怒汉钟离 .38
讨赖河上鼓干劲 .40
朱元璋钦定嘉峪关 .43

倾斜的李陵碑 .46

叫错了的站名 .48

工人胜过皇帝 .50

十道沟 .52

大桥冲破"鬼门关" .54

以戒贪赃枉法的桥湾城 .56

"窟窿地"和"不能提" .58

柳沟的镇妖双塔 .60

茫茫戈壁话唐僧 .62

吉祥的火车站 .65

来自柳园的"扎西德勒"（吉祥如意） .67

大泉、小泉和金矿 .69

照壁山的传说 .72

红柳河的水为什么是干涸的 .74

玉石山 .76

石燕姑娘 .79

骆驼的尾巴为什么那样短 .81

灵泉 .84

救命草 .86

绿洲是怎么来的 .88

沙枣花的传说 .91

左公柳 .94

坎儿井 .97

魔鬼撒旦的属地 .99

"百里风区"的由来 .101

小草湖 .104

夏普吐勒 .106

天山脚下达坂城 .108

盐 湖 .110

妖魔山和老君庙的传说 .112

乌鲁木齐火车西站"百户路"的由来 .114

玛纳斯 .117

棉花的传说 .120

奎屯——今夜不再寒冷 .123

乌苏瑞应 .125

四棵树的故事 .128

托托——被冤枉的大鸨 .131

艾比湖畔的爱情故事 .134

多彩的山口 .137

附录 兰新铁路沿途曾经设站（乘降所）名录 .139

兰州为什么叫金城

兰州是兰新铁路东端的起点,连上东边的陇海铁路(连云港—兰州)刚好横穿中国,是祖国的重要钢铁动脉。铁路在兰州南北两山之间,和北面滚滚黄河并行而过。在很早以前,兰州不叫现在这个名字,人们称它为金城。关于金城的来历,有多种说法。有掘地得金之说,传说当初人们"筑城时掘地得金",故有金城之说;有地势险要之说,金城自古为战略要地,是通往河西走廊和青海的咽喉,由于这里一面为河,一面为山,地势险要,人们取固若金汤之意而称为"金城";还有兰州在京城长安的西面,从五行方位来说,西方属金,所以命名金城。当地百姓中还流传着另一种有关金月镜的古老传说。

很早以前,黄河水流淌在兰州城南边的山脚下。为什么今天我们看到的黄河在城北边的山脚下流呢?人们有许多说法,我们就讲这个有关金月镜的传说吧。

不知道多少年以前,北山脚下那面有一座火山,搞得北山南面十分炎热，人们就想住到南山脚下来，好依山歇凉。可惜南山脚下被黄河水占了。人们酷热难耐，又无可奈何，就只好站在黄河北岸望着黄河南岸长叹。日子久了，终于感动了山神。山神就把身边侍卫的一个仙童额前的金月镜取下了半个，放在黄河南岸边的地下。那半个金月镜是天上的仙物，岂能甘心被埋在地下，自然要向上浮起。于是黄河南岸的土地也随着半个金月镜慢慢向上托，黄河水就向北岸滚。滚呀滚的，年复一年，黄河水就滚到北山的脚下。人们兴高采烈地搬到这块隆起的成半月形的南山脚下，从此再不受酷热的煎熬了。但是北面那个火山山妖，并不甘心改掉祸害人的恶习，一见人们不待见它了，就不断在黄河南岸放火，想焚烧搬到南岸的百姓，让他们低头。可是南岸的百姓不仅有河水挡着，还有半个金月镜向上浮起后形成的许多地下水、泉水降温，日子过得很好。所以不管火山的山妖怎么折腾，南岸的人们都安然无恙。心地龌龊的山妖见没有人搭理他，一气之下一命呜呼了，火山也就熄灭了。在北山留下了至今可见的红石崖壁。

  不知怎么，山神忘记了收回那半个金月镜。那半个金月镜托着地，慢慢混成了一体，只是在地下蓄留下了很多的水。慢慢地在这个半月形的地面上居住的人多了，就形成了一座城，人们就叫它"金城"了。还有人说，要是山神大气一些，把那个仙童的金月镜全部放在黄河南岸的地下，现在兰州这个城市就应该是圆月形的了。不管怎样,今天如果你有机会登上兰州城南面的兰山,就会看到兰州城繁华的半月形主城区了。

兰州在铁路修通以前,虽然叫金城,经济却十分落后,人们的生活也很苦,"上街一身土,夜晚灯不明",就是当时贫困的真实景象。

如今,兰州成了西北一个重要的交通枢纽,不光有兰新铁路,还有陇海、兰青、包兰铁路在这里交汇,四通八达,使兰州迅速成为了一个现代化的工业城市。

陈官营——丝绸之路的要塞

兰州是兰新铁路的枢纽，有着许多功能各异的车站，西去十几千米外的陈官营站便是其中一个。

大概从西汉年间开始，人们就在这个地方修筑城池营堡，用来守御经济命脉、交通要道。兰州以前有"七十二营"之说，"七十二营"是很多的意思。打开兰州地图，我们能够看到许多以"营"命名的地方，那些散落在市区各个地方的"营"是兰州地名中引人注目的一道风景。说明这些地方很早以前就有屯兵，屯兵之地是和经济命脉、交通要道、军事要塞等紧密联系在一起的，兰州黄河以北修筑的明长城就是佐证。早在西夏和北宋争夺此地时，两国的人们就各自修筑了不少城堡。这些城堡在元代大部分已倾废，现在能保留下来的营子绝大部分是明清时期的。古代军队驻扎的地方或集体活动的住地，被人们称之为营，这些"营"保留了过去的军事信息。营子的名称非常有意思，有些由当地风光而命名；有些则是军屯转为民屯的见证；还有些是战争结束后命名的。在市区繁华热闹地段有费家营、柳家营、陈官营等；在市区边上有清水营、太子营等；在皋兰山上有头营子、二营子、三营子等；在榆中等地有夏官营、范家营、袁家营、高营、徐家营等。这些"营子"修建的年代不同，背后的故事也各不相同。

陈官营的来历，有这样一个传说。汉时的丝绸之路经过这里，是一个大集市。明朝的时候，丝绸之路由于多年的战乱，很少有商贾来往，此地早已成为一个陈姓人占多数的小村落。明洪武年间的一个夜晚，一队被土匪追杀的骆驼客们，急急忙忙误打误撞地来到了此处，他们已是筋疲力尽，慌忙向村中人求救。村中的族长是一个足智多谋的人，他想起明将陈超随从肃王朱木英（朱元璋第十四子）来兰在兰州城安营扎寨，便一边派人去兰州城向陈超求教，一边传唤村里所有的人在村中点燃火把，壮年男子列队布阵，打起旗帜，冒充陈超的队伍，虚张声势。土匪们不明真相，心存疑问，在黑夜里你看看我，我看看你，土匪头子一时间也没了主意，不敢贸然进攻。但是土匪们又舍不得眼看就要到嘴的肥肉，想等到天亮看清楚情况再做打算。

好在天亮时刻，陈超的队伍及时赶到。土匪们明白上了村里老百姓的当，但为时已晚，大部分土匪被歼灭，土匪头子只好带着几个残兵败将，悻悻离去。

后来老百姓担心土匪再来骚扰，请求陈超屯兵于此。陈超见此处地势重要,可以和兰州城为相互依托之势,便在此建立了营地。后人便以姓为名,把这座营盘称为"陈管营"。"管"营就是当时的指挥部,相当于现代意义上的团部或是师部,或者是我们现在的一个区、一个县。现在人们叫这里陈官营,是把"陈管营"叫转了音。

那些骆驼客们一见这里安全太平,又离兰州城不远,老百姓对他们又好,就在"陈管营"门前一条东西方向的大路上设立了商行,做起了买卖。由于买卖公平,名声越传越远,一来二去,吸引了许多商人前来设店,形成了一条商业街。老百姓期望和平繁荣,约定俗成,在这条街上立庙焚香祈祷,日子久了,大家俗称这里为庙沟街。庙沟街成了这一带的繁华地区,各行各业的铺面越来越多,生意非常好。一有庙会,人们便蜂拥而至,就像现在兰州市内的张掖路一样,非常热闹。

陈官营这个古老地名承载的这段历史的记忆,不管是真是假,大家都把它当作故事来听,因为它是来自古代的声音。兰新铁路通了,给陈官营带来了真正的繁荣。如今它早已和兰州城连在了一起,成为了市区的一部分。你如果在火车上观赏兰州的城市景色,那就请留意看看陈官营吧。

黄河石

兰新铁路西出兰州,沿黄河上行 40 千米,就是河口南站,火车要在这里西渡黄河。"河口"者,庄浪河汇入黄河之口岸。千百年前,作为水陆咽喉之地,"河口"变成"丝绸之路"上的物资集散中心,商贾云集,繁华无比,是黄河的古码头。黄河在这里竟然那么宁静。远处房屋在水面上影影绰绰;不时有三两只水鸟掠过水面,然而片刻便又平如镜面。河边一排排古树,粗犷的枝干直刺苍穹。

景色虽然好,筑路的铁路工人却没有心情欣赏,根据兰新线的施工部署,决定在黄河大桥上游先建一座铁路便桥,争取提前通车过河铺轨西进。但是修筑河堤的石料短缺,这可如何是好?

河口黄河桥位于黄河上游,是兰新铁路的重点桥梁。这是我国第一座自行设计与施工的黄河桥,它标志着我国桥梁事业的发展,随着人民革命的胜利,进入了一个新的历史阶段。中华人民共和国成立前,黄河上虽然有三座桥梁,即兰州黄河公路桥、京汉铁路黄河桥和津浦铁路黄河桥。但是这三座桥梁都是委托外商承办修建的。

河口村的一位老先生得知此事，前来工地献策，他讲了一个美丽的神话传说。

在盘古开辟出苍天大地以后，女娲依照自己的样子，用黄泥造出了人类。从此开始，天上有日月普照，星辰经纬，地上则四季序更，万物生长，人民安居乐业，四海歌舞升平。不料水神共工和火神祝融起了纷争打起仗来，结果祝融战胜了共工，失败的共工很不服气，大怒之下一头撞向了不周山。不周山乃支撑天地之柱，顷刻间倒向东南，致使苍天塌下一个大窟窿；大地被震得陷落倾斜，张开道道大裂缝；海水就向上倒灌，肆意淹没世间苍生；山林中也燃起了熊熊大火，向着四处蔓延，烧向逃难的人群；野兽和猛禽都无处觅食，就疯狂掠食老人和小孩。天下人民流离失所、饥寒交迫，遭遇到了空前的灾祸。女娲心急如焚，决心找出办法修补苍天和整治洪水。她周游四海，遍涉群山，终于找寻到了五色土，放入巨石堆垒的炼炉中，借来太阳神火，历时九天九夜，炼就出了三万六千五百零一方五色石。女娲手捧五彩石飞赴苍天，历时九天九夜，用去五彩石三万六千五百方，将天上的窟窿修补完好，砍下了神鳌之足以作撑天之柱。接着她又率领民众，收集大量芦草制成灰泥，掩挡住了泛滥的洪水。

剩下的那方五色石在哪，老先生自问自答说，就在咱黄河里呀。筑路的铁路工人们茅塞顿开,下河一捞,果真有不少黄河石,作为石料刚刚好,工期按时完成。

又过了许多年,人们想起了这件事,纷纷在黄河里寻找黄河石观赏。不过观赏黄河石比修筑河堤的黄河石要小,有人说那是女娲补天修整下来的边角料,称为黄河奇石。黄河奇石具有天然性、稀有性、科学性、可柔性、区域性、商品性等特点,根据它的产出地点、形态特征及成岩构造的不同,大体上分为画面石、象形石、景观石、彩色石、抽象石、黄河化石和文字石等几种。黄河奇石品种多样,从石质上看,除一般性石质外,还有玉质性石质,如黄河玉、黄河玛瑙、黄河鸡血石、黄河腊石等,另外还有矿物质和化石类黄河奇石,在市场上可抢手了。如果你有兴趣,可以淘上一块带回家中慢慢品玩欣赏。

苦水玫瑰

兰新铁路西渡黄河，进入庄浪河河谷，在上石圈火车站附近，每年春天，遍地鲜花争奇斗艳，尤其到了五六月份，一片片一簇簇殷红的玫瑰花儿盛开，像燃烧的火焰，又似遍地的红霞。微风吹过，荡起缕缕清香，隔着火车车窗，观赏花海仿佛都能嗅着花香，这就是苦水玫瑰。

很早很早以前，这地方很是焦苦，人烟稀少。这地方苦就苦在水源又苦又涩，用这水浇庄稼，五谷不长；人喝了，日久生病。人们都祈盼着，什么时候"苦水"变甜水！

村里有个勤劳心巧的花匠，他妻子即将临盆时梦见一只金凤凰落到自家的玫瑰花丛，梦醒后顺利产下一个女婴。花匠在为女儿沐浴时，发现女婴十分端庄秀丽，心里高兴，便根据妻子的奇怪睡梦，为女儿起名叫玫瑰。不料这个玫瑰满月后，一见院中的玫瑰花便咯咯大笑，一旦离开玫瑰花便哇哇大哭。花匠知道女儿喜玫、爱玫，便将几株玫瑰花移栽于卧室，自此之后，玫瑰不但不哭不闹，而且整日咯咯欢笑。

不幸的是，花匠妻子常年喝苦水，身体不佳，玫瑰三岁时便离开人世。花匠无心再娶，只和玫瑰姑娘相依为命。

玫瑰姑娘在花匠的疼爱和乡亲们的关怀下长大，人长得漂亮不说，心眼又特别好，对乡亲们热腾腾一片情。老花匠除了侍弄庄稼外，还特别爱花。乡亲们生活苦呀，有了鲜花，有了花香，他们才有生活下去的勇气。玫瑰姑娘呢，除了下地干活料理家务外，常常帮父亲把鲜花送到乡邻家。她帮村东的大娘打柴挑水，她为村西大爷缝补衣裳，她教村南的姐妹织绣，她教村北的小伙歌唱，她像一只快乐的百灵，带给了乡亲们无穷的欢乐。

每当夕阳西下，夜幕降临时分，父女俩常常坐在村头的石凳上，思量着怎样才能让"苦水"变甜，让大家过上幸福生活。也许是诚心所至，金石为开吧。那一夜父女俩同时做了一个梦，梦中，灵山脚下十八罗汉中的降龙罗汉现了身，对他们讲述了玫瑰花的性质、功能、栽培方法及炮制用途等，直到天亮时分才离开，并且提示说："只要能提炼出花的香油，滴入水中，苦水就会变甜。"于是父女俩摘来九千九百九十九朵玫瑰，架起烧锅，按照降龙罗汉讲述的方法熬炼起来。

村里有个财主心眼特别坏，看玫瑰姑娘一天天长大，花一般的容貌，云一般的身影，蜜一般的心肠，便垂涎三尺。听说他们爷俩提炼鲜花香油能使苦水变甜，更是满怀虎狼之心。他三番五次托人求亲，都被玫瑰姑娘一口回绝。财主恼羞成怒，勾结官府，诬陷老花匠炼什么毒药害人。眼看鲜花香油就要提炼出来，老花匠却气愤不过，抱恨归西。玫瑰姑娘强压住心头的怒火，继续熬炼，她要让乡亲们喝上甜水。

鲜花香油终于炼出来了，滴入水中，顷刻间，苦水变得甘冽清香，洒到地上，地上一下子充满生机，乡亲们欢欣雀跃。

财主得知后，带领爪牙要霸占泉水和玫瑰姑娘。玫瑰姑娘十分愤怒。只见她横下一条心，手持扁担拼命。财主的保镖一见事情不好，挥起砍刀搕飞了玫瑰姑娘的扁担，又割断了她的喉管。玫瑰姑娘永远地闭上了眼睛，滴过她鲜血的土地长出一丛丛带刺的玫瑰，开满了艳鲜的玫瑰花，就像一片红霞飞落大地，又像一簇殷红的火焰燃烧在村旁溪边，她把美丽的清香洒向人间。乡亲们对此事感到不平，又无可奈何，只好面对苍天呼喊："苍天苍天睁开眼，财主杀人谁来管？"

一天，财主又带着他的保镖前来苦水催收租金，来到一个断崖处，忽然乌云滚滚，雷声大作，一个火球砸来，随着一声令人毛骨悚然的炸雷轰鸣，山崖突然崩塌，财主和他的保镖被断崖深深地埋在崖下。

苦水的百姓们为了记住玫瑰姑娘，都自觉地竞相种植玫瑰。而且那花苗无论移栽在川心里还是水渠边，都是一栽就活，玫瑰花开遍了苦水川。兰新铁路通车后，来这里的人们都要带上一些玫瑰花，玫瑰的花和根可以入药，具有顺气和血、疏肝解郁的功效，用玫瑰花卷馍馍、腌酱膏，或者泡茶、泡酒，都会有一股甜美的香味。兰新铁路把这玫瑰姑娘的故事带到了四方。

一个歇后语的故事

兰新铁路职工来自祖国各地,为了支援祖国西部建设这个共同的目标走到一起来了,各地的文化不同,就有了各种文化方言的融合。比方说在哈密有人形容"多",就说"河坝"一样多;在鄯善,有人形容好事美事、滋润的事情,叫太"佛油"了;嘉峪关有人称"漂亮"为"攒劲的很"。这些背后都有典故。今天讲一个甘肃籍老工人表述事情有点冤的歇后语"城隍庙里挂算盘——表清白呢"的故事。

这句话出自永登。永登是兰新铁路西过黄河后经过的第一个县城。"永登"一名,来源既远又近。说远的,据《十六国春秋·前凉录》载:"建兴四年(316年),拜张寔都陕西军事……是年分金城之令居、浩门二县,又立永登县。"这就是说,永登县名称到现在已近一千七百年了。人们为了祈求永远五谷丰登,故为本县起了个名字叫"永登"。

旧时,永登县城的城隍庙大殿墙壁上,悬挂着一个长3米、宽1米的大算盘。传说,永登曾有一任县令叫卢建中,是湖广黄安人,进士出身,为官清正廉明,不徇私情,清雍正四年(公元 1726 年),任永登县知县。当时平番县内官吏损公肥私之风严重,他厘定整饬,每月初一,在城隍庙内置案问讼。他断案如神,老百姓敬而畏之,却忤犯了一些不法分子。这些仇家联名诬告卢知县贪污受贿。上司即派人来查,结果查无实据,不了了之,竟做出了个"事出有因,查无实据"模棱两可的结论。卢知县很气愤,又无处申诉,万般无奈,就命人专门制作了一个长一丈、宽三尺的大算盘,挂在城隍庙大殿上,恳请城隍明察。其意是:"若贪污受贿,请城隍爷清算。"以示清廉。

后来,人们就创造了这条歇后语,用来替那些蒙受不白之冤的人物和事情申诉。不知道那把大算盘如今还在不在,有机会到永登城,可要留心打听一下哦。

乌鞘岭上韩湘子的传说

兰新铁路从兰州向西,乌鞘岭是第一个障碍。岭高,坡陡,云佩雾障,气候多变。虽然乌鞘岭周围是良田和牧场,一片翠绿,但是它宛如一条莽莽巨龙,横卧在这里,兰新铁路要想穿越它,可是把铁路职工们辛苦坏了。

据说,其实多少年以前,在这里落脚的许多神灵,都是桀骜不驯的坏脾气。在这里生活的老百姓每年必须给这里坏脾气的诸神,特别是雷公献上牛羊、美女、五谷,才能保证人畜平安,庄稼丰收。否则,雷公就要大发脾气,用冰雹毁灭草原和良田。老百姓叫苦不迭。

一天,韩湘子路过乌鞘岭,正遇见老百姓献牛羊、送美女。那些打扮得漂漂亮亮的美女们,其实都是一些十几岁的孩子,凄凄惨惨地哭着,送她们的家人和乡亲也是哭哭啼啼,十分可怜。韩湘子问清楚此事后,决心惩治这些恶魔。他叫老百姓们各自回家,带回牛羊和那些女孩子,告诉乡亲们放心,说那雷公由他来对付。

果真，那雷公不见老百姓来敬它，大发雷霆，又是打雷电，又时下冰雹的，吓人极了。

只见韩湘子面不改色，沉着应对。他手指天空，口念咒语，霎时雷电阴沉，冰雹也变成了白雪。雷公怒不可遏，恼羞成怒，用尽力气发出雷电来击韩湘子。韩湘子提身一跃，在空中和雷公较量起来。不到三个回合，雷公就招架不住了，转身想逃。韩湘子岂能放过这害人的东西，只见他把神力都集中在手指尖，重重一点，那雷公就从天上落了下来，摔死在乌鞘岭的西边。雷公的尸体变成了一座山，就是现在的雷公山。人们为了感谢韩湘子，就在乌鞘岭上为他修建了一座庙，香火不断。

人们的愿望是美好的，虽然传说韩湘子打死了害人的雷公，还为他建立了庙宇，但是那乌鞘岭的天气还是变幻莫测，说翻脸就翻脸，老百姓依然少不了受难。兰新铁路修上了这高高的乌鞘岭后，运来了许多科学仪器，在乌鞘岭上建立了气象站，这里的各族人民才真正掌握了变化无常的天气，让田野的庄稼丰收，让草原上的牛羊兴旺起来了。

天祝白牦牛的传说

兰新铁路修到马牙雪山脚下,要翻越乌鞘岭的时候,架桥和开山都需要大量的水泥钢材,由于海拔较高,空气稀薄,老式的苏联汽车经常趴窝,施工材料送不到,影响施工进度。

工人们正在发愁,忽然山脚下飘来一大片白云,带着堆积的施工材料往山顶上飘来。工人们正在称奇,定睛一看,原来是一大群白牦牛,在藏族同胞的吆喝下,支援铁路建设来了。

物以稀为贵,天下牦牛多为黑色和杂色,而生存于天祝这块神奇高原的白牦牛,就自然成为世界牦牛珍稀畜种。关于天祝白牦牛,在民间曾有这样一个传说:

远古时候,华锐人的祖先华秀居住在西方遥远的巴颜喀拉大雪山下,牛羊众多,草原就显得不够用了。华秀和弟弟阿秀商量,去寻找新的草场。于是华秀告别弟弟,祈祷山神给他和部落指出一条路。这时,一个身穿战袍,骑着白色骏马的神灵出现在天空中,他在半空中随一朵五彩云向东方飘动。华秀便告别故乡，带领本部落的老老少少赶着大群牛羊向彩云飘去的方向出发了。当部落和牛羊快要走出一个石峡的时候，一头黑色的巨怪挡住了去路，那些黑色的牦牛群，叫成一片，不愿前行。

正在这时，从身后那巍峨的雪山深处出现了一头白色的牦牛，它像雪一样洁白，十分漂亮，就像一朵洁白的云团。白牦牛大吼着，向石峡口奔去。说来也怪，看见了白牦牛，其他的牛停止了叫声，找回了勇气，随着白牦牛一起向峡口奔去同那头黑色的巨怪拼了。整个部落便又开始前行。当人们尾随着牛群走出峡口时，眼前一片惨景。许多牦牛战死了，那头白牦牛正和黑色的巨怪决斗，斗得大地沙石飞扬，天昏地暗，人们非常惊恐和紧张，都在为白牦牛担心。突然，黑色巨怪惨叫一声，不知去向。勇猛的白牦牛用它尖利的犄角战胜了巨怪。

一头受伤的小母牛不停地哀叫，白牦牛看见了，走过去，伸出舌头，一下又一下舔着那可怜的小母牛，舔着舔着，黑色的小母牛突然变得通身雪白。其他的牦牛也变成了洁白的颜色。

这时，天空中传来了骏马的嘶鸣，大家仰头看时，那穿白袍的神灵重新出现在头顶。痛苦绝望的华秀和部落的牧民们，便又随着他继续前行了。走啊走，不知经过了多少艰难险阻，也不知走了多少时间。有一天，天空中的山神和白马突然降下地面,人们的面前便横亘起一座雄伟壮丽的雪山,这就是马牙雪山。华秀对大家说,这雪山下的乌鞘岭就是我们的家乡了!大家便不再前行,永远在这儿定居下来。这儿草场广袤,草盛林茂,溪水潺潺,山泉叮咚,确实是一块驻牧的好地方。

从此,华秀和他的部落便幸福地生活在这里。那喝了马牙雪山泉生长在乌鞘岭的牦牛更白了,一群又一群,像天上飘荡的白云。

天祝便成了白牦牛的家乡。

铁柜山和香灵寺

坐火车从兰州西去，谁都知道要经过乌鞘岭。过了乌鞘岭，火车进入一个长长的峡谷，这就是河西走廊的门户——古浪峡。峡谷的山上有个香灵寺。

据当地的老人说，从前香灵寺有个喜爱谈经论道的李善人，他的道行十分高超。李善人见这里的老百姓生活疾苦贫穷，就决定做些善事，普度众生。他知道上天在峡谷对面的铁柜山下面有一处地方藏着金人金马，还有十盘金磨，每天磨着金粉供天庭各处使用。李善人便要取出山下面的财宝，赈济给贫苦的人们。他从西方如来佛祖那里借来金翅大鹏鸟，让它抓起铁柜山，又从甘州借来一块巨石，支住铁柜山。可惜支山的甘州石没有放好，压伤了大鹏鸟。李善人被如来佛祖治罪，压入铁柜山下。人们痛恨支山石，就把它置于路旁，让过路的人们车马你踩他轧。至今那石头还在路旁呢。

人们怀念为民办事的李善人，屡屡修缮寺院，香火伺候，祈祷四方百姓能够过上好日子。也有人每年去挖铁柜山，希望能挖出李善人。这样日复一日年复一年的，李善人没有挖出来，挖出了许多冰冷的大石头。修筑兰新铁路时，人们又想起了那些大石头，用它搭锅砌灶。谁知一烧，那石头变成了白白的石灰。人们就把铁柜山的石灰，装上奔驰的火车，沿着古浪峡，沿着丝绸之路，运往祖国的四面八方。古浪峡的老百姓，从此有了一条致富的门路。

如今，古浪峡铁柜山一带，有了许多生产石灰、水泥的建材厂，欣欣向荣。车过古浪峡，您留心看吧。

红军杨

兰新铁路进入河西走廊的第一个重镇,就是武威。在这片绿洲上,铁路、公路、乡村小路、田间地头都生长着不少杨树,高大挺拔。

这些杨树和整个大西北常见的杨树似乎并无两样,可当地的老乡们却说不一样。他们称这些杨树为红军杨,早先,这些杨树和大西北的杨树一样,后来,红军西路军远征到达这里,想在这里建立新的革命根据地。这里当时是马步芳统治的地区,他当然不愿意红军在他眼皮子底下革命了。他纠集多于红军十几倍的兵力,前来围剿。

红军战士和马步芳的骑兵进行了血战,那仗打得太艰苦、太惨烈了。不少红军战士就牺牲在这里,连名字都没有留下。不久,凡是红军战士流过鲜血的地方,新长出的白杨树就发生了变化,经常打柴的人们看到,在折断的白杨树心儿上长出了红军的标记——五角星。无论你怎样顺手一折,每段树枝的截面中间都有一颗十分清晰的五角星,就像红军战士帽前的红五星一样。老乡们说，这是红军战士的英灵不散，是红军战士把希望散在了河西走廊的土地上，总有一天，红军还会回来的。

这种树木在任何地方都能顽强生长，只要给它一点水，就会枝繁叶茂。树木在生长过程中，树枝犹如青竹一般生节但又不会从节中生枝，而五角星的树芯截面也只有在生节的地方才会出现。于是老乡们就叫它为"红军杨"，开始更多地栽种这种树，红军杨在武威地区多了起来。这种树木在干旱的大西北特别爱活，生长的也特别快，特别茂盛。数十年过去了，西路红军当年的悲壮故事依然留在西部人们的心中，依然与西部的山山水水不弃不离。因为，在西部千里河西走廊干旱的沟沟岭岭，已遍地生长着这种能遮日挡风、拦沙保湿的红军杨。

兰新铁路通车后，铁路职工怀着美好的心愿，每年都要在铁路两旁栽下许多"红军杨"，让它们伴着兰新铁路，在戈壁荒漠植树造林，抵御风沙、抗击干旱。给大西北这片古老的土地，带来生命的绿色。红军战士若是真有英灵，也会十分赞赏的吧。

胭脂花的故事

兰新铁路的列车在山丹一带运行,可以看到明长城断断续续的身影,有人会想起古老的民谣:"失我祁连山,使我牛羊不番息;失我焉支山,令我妇女无颜色……"好吧,就讲一个胭脂花的故事,给单调的旅途增加些颜色吧。

焉支山也叫胭脂山。焉支山上的胭脂花是姑娘们用来擦脸的,擦了胭脂花,姑娘的脸赛过春天的桃花、冬天的腊梅。那么胭脂花为什么这么神奇呢?传说,很早以前,焉支山上有一个小村,住着二三十户人家,生活得很幸福。村东头一间茅屋里,住着老两口,待人诚实、忠厚,就是没生下一男半女。虽在乡亲们的帮助下,生活还过得去,但到底膝下凄凉,吃饭不香,睡觉不甜。

一天夜里,老两口同时做了一个梦,梦见王母娘娘送给他们一朵胭脂一样红的花。老两口醒来,觉得非常奇怪,不知是福是祸。过了三百天,老太婆生下了一个女孩,便起名胭脂。

转眼，姑娘十六岁了，这一年，老天爷三个月没下一滴雨，瘟疫又传到了山村，全村人的日子可真是黄连拌苦胆——苦上加苦。说来也怪，唯独胭脂姑娘没有染上瘟疫。她看到乡亲们快没命了，急得哭干了眼泪。乡亲们劝她快离开山村，但她死活不肯，一定要找到水救大家。于是她就起身向焉支山顶上跑去。她是想站到最高点，先看一下山上或山下什么地方有水。她爬上山顶，向四周望去，只见满山遍地尽是枯树、干草，便失望地叹口气，准备下山回去再到别处寻找。刚翻过一道山梁，见前面悬崖上有一块石头，像一朵出水芙蓉。走近石头，有水声从石头下发出，她高兴得几乎跳起来，急忙转身回家，拿来了工具，挖呀，挖呀！从太阳高照挖到月亮升天，手上打起了无数个血泡，从星星眨眼到朝霞满天，手上的血泡全磨破了，虎口震裂了，鲜血染红了工具，胭脂姑娘又渴、又累，终于支持不住，靠在石头上睡了过去。她做了一个梦，王母娘娘从瑶池来到了她的身边，给了她一把金斧、一小袋花种，并告诉她用金斧从石头中部砍三下，水就会出来，人一喝就会治好瘟疫，浇灌庄稼，庄稼就会返青。等胭脂姑娘醒来，才知是一场梦，但眼前确有一把金光闪闪的金斧和一个小布袋。她急忙拿起小布袋打开一看果然是一袋珍珠一样的种子。她手上的血渗透了布袋，染红了雪白的种子，她赶忙放下布袋，拿起金斧，用尽全身力气，向石头中部砍了三下，只听"轰隆隆"一阵巨响过去，这块石头中

胭脂花的故事

间裂开了一条缝,并很快分开。不幸的是,胭脂姑娘掉进了石缝。就在这一瞬间,大股的泉水喷了出来,向山下冲去。那一袋种子被冲散了,落在水边,长出一株株血红的胭脂花。而在泉水形成的池中,一枝鲜艳的大胭脂花亭亭玉立在水中央。

水流到村里,全村的人得救了,但胭脂姑娘不见了。

这天夜里,全村的人同时做了一个梦,山神爷告诉他们胭脂姑娘救人的经过。大家来到池边,只见池中那株花,在阳光下,红艳艳的,在向乡亲们一躬一躬地道着万福。

这花很快开遍了焉支山,焉支山更加秀丽壮观。乡亲们想念胭脂姑娘,都把这花叫做"胭脂花"。山也就叫做"胭脂山"了。

山 丹

自从电影《牧马人》上映，山丹就出了名。谁不想见识一下焉支山脚下这一片绿茵茵的优美牧场，再骑上快马，在草原上奔驰呢？趁火车在山丹停车，在站台上眺望几眼，说不定会有热心的山丹人告诉你，这里早就名声大震了。

可不是，山丹自古不叫焉支山时就是好牧场了，那时这儿叫蛤蟆墩，为啥？这可有说头呢。

远在盘古开天地的时候，这里是浩瀚的大海。有海水，就有各种各样的水族。大禹治水时，才排走了这里的海水，水族们也就随波逐流，飘然而去。但是有一只大蛤蟆，说什么也不肯离开这儿，日久天长，就化成了一座山一样的石墩。最早来这里放牧的人们，就叫这里为蛤蟆墩。说也奇怪，这只大蛤蟆虽然变成了石头，却从每个气窍里不停地向外冒水，形成了许多明镜似的清泉，汇成了好多条玉带似的溪流。

在一个万物复苏的春天，有个牧羊的青年，他在夜里听到账房外面有动静，以为是狼群来骚扰羊群，就急忙出了账房。他查看了半天，没有发现狼群的影子，却看到蛤蟆墩那里有人在急急忙忙地挖着什么。青年不动声色，仔细查看，他终于弄明白了，原来蛤蟆墩下是龙王专门给龙母修的胭脂库，藏着胭脂花的种子。此刻正派虾兵蟹将化作人形，以黑夜为掩护，准备取回去呢。难怪那蛤蟆化成石头也不离去，却是奉了龙王的旨意的。

那青年一时为自己的发现高兴，不小心弄出了声响，被虾兵蟹将们发现了。虾兵蟹将们害怕龙王的秘密被人们发现，就抓起那青年，准备带回龙宫向龙王交差。那青年十分聪明，他一面挣扎，一面在山坡上画了一个大大的"删"字。虾兵蟹将们以为是他挣扎所弄得乱七八糟的划痕，也没有认真去管。其实，这"删"字是消除的意思。那青年想在暗中告诉人们，只要把蛤蟆墩消除掉，龙王的秘密就揭开了，虾兵蟹将们哪有那个心眼呢。

第二天，当火红的太阳照到山上的时候，山上便显出一个大大的单字"删"。人们猜出了意思，找到了胭脂库，把胭脂花的种子撒满了蛤蟆墩，当胭脂花连片生长起来的时候，就改称蛤蟆墩为胭脂山了。焉支山只是胭脂山的转音罢了。因为说"删"是一个单字绕口，人们干脆就把这个"删"的单字说法颠倒过来，叫成了"删单"，后来人们说着写着简化成了"山丹"，这样更美气，大家就这样叫下去了。

"删"这一个单字的故事，从此成为山丹八景之一——山丹朝辉。听到这儿，你或许想在山丹一游，那快做决定，因为火车快要开了。

张掖的由来

张掖是兰新铁路线上职工生活资源的重要补给地。自古以来丝绸之路河西走廊段就有"金张掖,银武威"的说法,可见张掖的富庶。

张掖古称甘州,说起张掖城的来历,那已经是二千一百多年前的事了。张掖那时叫黑水国,被匈奴角得王占据多年,故改称为角得,阻碍了丝绸之路的畅通。公元前121年由汉武帝派西汉名将霍去病两次出兵,完成了河西归汉大业。之后,于元鼎六年(公元前111年)取"断匈奴之臂,张中国之掖(腋)"之意建立了张掖郡,意思是伸张中国的臂掖,"以威羌狄"。张掖的命名显示了汉武帝文武并用、刚柔相济的雄才大略。

张掖城建于何年何月没有准确的说法,民间倒是有下面这样的传说:

那还是很早以前叫黑水国的时候,一阵铺天盖地的黑风,埋没了盛极一时的城池。人民流离失所,郡王忧心如焚,他在为重建新城而焦虑。新城址选在何处才能保其国泰民安，这可不是开玩笑的事情。郡王派出了不少选城的官员四处探询，也提出了许多选出的城址，都不能获得大多数人的赞同，郡王焦急万分。

一天正午，西边大路上蹒跚走来一位云游和尚，前来化缘。有大臣建议：云游高僧，见多识广，何不请他一唔？郡王觉得有理，就派人把那和尚请来。当郡王提及为选城址发愁的事时，和尚笑道，区区小事，这有何难，只求一饭。

等到和尚吃饱后他拿出铜钱一枚说，我去东土游方，在一个吉祥的地方把它埋了。三日后你们派人去找，只要找到铜钱，城址也就找到了。此城池会使黑水国成为富庶之地。郡王一听十分高兴，城址之事有了着落，心里的石头落了地。可转念一想，小小铜钱，这和尚埋藏起来，要寻找它，实在是大海捞针，岂不荒唐！心里虽然不悦，碍于和尚情面，也只好依言而行。

和尚埋了铜钱，等于选定了城址。在他来说，也属轻而易举的事情，但却苦了找铜钱的人。郡王有令，不得不寻，真正寻去，又无处可寻，没办法，兵民齐动手，挖地寻铜钱，其间劳苦自不待言。但是，挖地三尺，铜钱又到哪里寻去？

郡王久思成疾，卧床不起。

正在这时，有一支奉天子之命前往西域给月食国王医病的队伍经过此地。知道了这件事，放出话来，说是有些手段。

有人飞报郡王。郡王得报，传令带请来见。郡王见了领队，百般无奈，也是百般小心。领队倒无所谓，谈笑风生，面无半点难色，海阔天空谈论一番，方才转入寻找铜钱正题。领队向郡王要了一根半尺银针，别无他求。郡王也不敢多问，不知领队葫芦里卖的什么药。

领队唤来队伍里的医官，对他如此这般的耳语一番。医官心领神会，手拿银针，一直往东南方走去，一路上也不言语，只顾走路。随从陪着小心，人前马后，不敢有丝毫冲撞。一时三刻，来到一个去处，但见芦苇阵阵，溪流潺潺，沃野平阔，燕舞莺歌。医官停住脚步，取出银针，直冲冲向地下扎去，然后召唤随从动手挖。随从忙不迭地刨去沙土，露出铜钱一枚，那银针不偏不倚，刚好扎在铜钱眼里，再验铜钱，正是和尚埋掉的那枚。自然张掖城的城址也就选定了。

郡王马上传令，以这一点为中心，向四面扩展，重建城池。果真，城池建好以后，雪山的雪水流来了，风沙不在这里刮了，稻子、小麦、蔬菜、瓜果种什么，长什么，这就是现在的张掖城的来历。

城址选定了，郡王的病自然也就好了。从此这一带的老百姓对中医敬若神明，建立庙宇，香火伺候。

据说，埋铜钱的地方就是现在的鼓楼门洞内的十字交叉点。这一点是张掖东南西北四条大街的轴心，上承乾，下依坤，四面生辉，代代盛昌。

祁连山的传说

在兰新铁路进入河西走廊后,祁连山就一直伴着你旅行了。抬眼可看见连绵数千里的祁连山,银装素裹,山顶的积雪终年不化,是多条内陆河的源头,祁连山融化的雪水,滋养了整个河西走廊大大小小的绿洲。因此,祁连山,在河西人的眼里,无疑是一座圣山。关于祁连山,有这样一个传说:

祁连山原来是一片蓝色的湖水,在这片湖水的东岸有一块镇水宝石,据说要是哪个人搬开这块宝石,将会给这里带来巨大的灾难。湖中有个小岛,住着一户人家,老两口晚年得子,取名牛儿。牛儿生得粗眉大眼,力大无比,常常一个人在小岛边撒网捕鱼。日复一日,年复一年,牛儿的举止被湖中龙王的女儿龙妹看在眼里,逐渐产生了爱慕之情,最后有情人终成眷属,一家四口小日子过得和和美美。

却说湖边有个心狠手辣的大财主,见牛儿娶了个漂亮媳妇,就打起了龙妹的坏主意:"这么漂亮的美人儿,我一定要得到她。"他打发家人去抢龙妹,但龙妹有一根绣花针,谁见了谁怕。于是,他想了一个毒计,暗暗派人搬开了湖东岸的那块镇水宝石。

温顺的湖水被激怒了,它像一头吃人的猛兽一样,给人们带来了巨大的灾难,湖水波浪滔天,淹没了农田、庄社和百姓,大财主也被淹死了,大水势不可挡地向东涌去。龙妹为了不使牛儿让大水冲走而现出了真身,让牛儿骑到她的背上。湖水流干了,龙妹巨大的身躯躺在湖底,她再也变不成龙妹了。

牛儿跪在她身边,悲伤极了,伤心的眼泪流也流不完,结果就流成了一条条河,人们说他们俩太可怜太凄凉了。后来,他们的身子渐渐地融合了,成了一座连绵的山峰。经过很长很长的时间,这个故事代代相传,"凄凉"也变成了它的谐音"祁连",于是便把这一片连绵的群山叫做祁连山。

由于祁连山的庇护,河西走廊地区夏季凉爽,适应各种作物生长,又有多条河流,这里的百姓从不靠天吃饭。老百姓说这是牛儿和龙妹在积德行善,好人自有好报,祁连山的香火一直没有断过。

神秘的骆驼城

高台车站以西，绿洲中间突然出现一片荒漠，荒漠中可以看见一座黄土版筑为长方形的庞大的古代城池，城内有一座东西走向的隔墙把全城分为南城和北城两部分，整个古城结构严谨，设计精巧。当地老百姓都知道，那是"骆驼城"。

古时候有位"骆驼王"，在他治理下的骆驼城国富民强。农民种的麦子、高粱，从根到顶都长满穗粒。草原上水草丰美，庄稼地里却不长草。骆驼城到处是米山面岭，油缸醋井。

有一年，外族入侵，围兵重重，"骆驼王"指挥全城军民奋勇抗战，敌人屡攻不下，后来，入侵略者用牲畜骷髅、乱木阻断了骆驼城赖以生存的水道，使全城断水，令"骆驼王"难以坚守。

"骆驼王"急中生智，将一群山羊悬吊起来，前面摆上大鼓，使羊踢鼓，鼓声咚咚；将战马断了粮草，使马饿得连连摇首，铃声不绝，使入侵者摸不清情况，不敢贸然进攻。而他则指挥军队奋力开掘地道，远至二十多里外的红山坡，使全城军民安全脱险。

等鼓、铃声息,入侵者撞开城门,骆驼城已是一座空城。入侵者恼羞成怒,放火毁了城。从此,这一带便断水成了荒滩,多少让人有点遗憾。

火车通了,有人发现这里无遮无挡阳光充足,用火车请来专家,运来设施,建起了太阳能光伏电站。"骆驼城"变成了光明的发源地。这也算是地尽其用了吧。

童华救田救民

越过"金张掖",西出有着红四方面军西征悲壮史的高台,有一片戈壁,可以见到一个破落的城堡,那就是《薛仁贵征西》里讲到的骆驼城,这个当年繁华一时的名城,毁于战乱,被冷落在荒漠之中了。过了这几十公里,经过屯升车站,才重新见到绿洲,已是酒泉地区了。

屯升,在薛仁贵征西时,这个地名是找不到的。那时,这个地方叫九家窑,说是很早以前,有九户人家率先在这里开荒种地,才取了这个名字。当人们将这儿开垦得像个样子的时候,不知哪儿跑来一条大蛇,要在此处修炼,它每天盘于山冈河川背风向阳之处,让阳光将它那五色斑斓有如锦绣的鳞片晒下,准备彻底脱胎换骨,那鳞片掉入地下便将地扎出暗洞,雪山流下的水源便由此顺着鳞片渗入地下,结果,这里万亩良田缺水,老百姓的日子苦极了。他们一代又一代,上书官府,希望能为民除害,但官府惧怕大蛇的神力,不敢征剿。

直到清代雍正年间，酒泉知事童华，查知了此事，决心为民除害，他召集了九十九条好汉，去拿那条大蛇。这真是一场少有的恶战，打得天昏地暗。当九十九条好汉战死了一半时，那条大蛇也累得差不多了。它无心恋战，逃到群山里面，准备养精蓄锐。童华绝不放过这个时机，带着剩下的一半好汉，和助威的村民百姓，逢山开路，遇川架桥，终于找到了那条大蛇的去处。

那大蛇也急了，守住洞口，准备拼命，一时奈何它不得，僵持住了。

童华和大家商量，终于想出一个好办法。他令人打了九把极其锋利的大刀，将锋刃向上，让那些好汉们扛上，栽在大蛇的洞口前面，然后叫助威的村民百姓敲盆打碗，点烟放炮，乱喊乱叫，引那条大蛇跑出来。

果然，大蛇发了怒。当它窜出洞口的时候，九把锋利的刀刃将它的肚皮划破了。大蛇死后，被它挡住的水源，又重新流进了田野。

从此，年年五谷丰登，人们喜笑颜开。童华因救田救民有功而升官到了京城。当地百姓为了颂扬童华的功绩，将这里更名为"屯升"，即屯田荣升的意思。开发边疆的功绩不会磨灭，建设边疆的人们也不会被忘记。如今，屯升的百姓也同样不忘给他们带来繁荣的兰新铁路以及那些铁路工人们，年年春节都要来车站，热诚地慰问一番呢！

冯胜激怒汉钟离

过了东洞站,西去就是历史名城酒泉了,这个西疆的重镇,有着许多英雄豪杰的传说和故事。从哪说起呢?咱们先从东洞车站站名的来历说,算是开场吧。

相传八仙之一,汉钟离还没成仙时,在朝廷做官,西疆羌人造反,汉室江山危机,有人见汉钟离奇才神勇,就让他挂帅出征。谁知这位后来名列仙班的将军实在草包,带着两万多人的部队开到前线,当晚就被羌人趁夜劫营,不战而败,一塌糊涂。汉钟离还算命大,单人单骑落荒而逃,什么本事也没有发挥出来,最后还迷失了方向,连东南西北也分不清了。

也是吉人自有天相,他在祁连山密林中遇到一位前往中原的外国和尚,指点他去祁连山主峰的一处密室,并告诉他:"那里是先生成道的所在。"

或许汉钟离没脸回朝,于是一心向道,远离人间之事,学成了长生诀、青龙剑法、阴阳真经等,成了仙人。

洞中才数日,世上已千年。到了明代洪武年间,朱元璋的大将冯胜平定了河西,在酒泉移民屯田,水源被一道山峰阻挡,正在无奈之时,听当地百姓说汉钟离在此隐居,便焚香求见,但汉钟离却不理不睬,无动于衷。

冯胜急了,便破口大骂:"什么破神仙,草包一个,只怕当了败军之将,不敢出来见人罢了!"

汉钟离已是仙人,度量自然大了,他只是微微一笑,略施剑法,在山峰陡峭的崖壁上刺了两剑。剑到洞穿,水也随之流了出来。老百姓从此将东边的洞浇灌的土地叫"东洞",西边的洞浇灌的土地叫"西洞"。

据讲,汉钟离害怕人们再找他办事,泄露天机,就悄悄地回到天上去了。

你要是还想要知道些什么,请您去东洞站问那些铁路职工们吧。

冯胜激怒汉钟离

讨赖河上鼓干劲

酒泉和嘉峪关两座城市挨得很近，中间就隔着一条讨赖河，"讨赖"一词是蒙语的译音，是"兔子"的意思。人们形容这条河流的水来得快，去得急，像兔子一样。兰新铁路修筑到酒泉的时候，就是因为这来去无定的河水，将筑路工人辛辛苦苦建立起来的河堤和围堰冲垮了好几回，不但影响兰新铁路的西进，还影响到了筑路工人们的情绪。

怎么才能促进职工们的干劲呢，管理施工的干部们有些忧虑。趁着察看河水流量的机会，互相商量办法。正好叫围观修建讨赖河铁路大桥的一位老先生听见了，他笑着讲了一个左宗棠讨赖河旁下围棋的故事。

据说，左宗棠很喜欢下围棋，而且，还是个中高手，其属僚皆非对手。为了打败阿古柏入侵者，收复新疆，左宗棠把大营先是安在了酒泉，他每日里研究军情，设想歼敌的方案，就没有时间再和同仁下围棋了。

有一天，左宗棠为各种军情的真真假假费尽了脑筋，也为进军新疆的各种琐事劳累不堪，心中烦闷。于是他就出了酒泉城关，来到讨赖河畔随意走走散心，无意之间他看见有一茅舍，横梁上挂着匾额"天下第一棋手"，左宗棠不服输的倔强之心上来了，走入茅舍内与主人连弈三盘。没想到棋主空有其名，一连三盘都输了。左宗棠笑道："你可以将此匾额卸下了！"随后，左宗棠自信满满，兴高采烈地走了。由于赢了棋，他的心情大悦，各种进军新疆的事项发布得井井有条，奠定了打败阿古柏侵略者，收复新疆的胜利基础。

后来，左宗棠胜利班师回朝，又路过此处，赫然见到"天下第一棋手"之匾额仍未拆下，棋主竟然站立门外微笑地请求与左宗棠再次下棋。左宗棠感觉有些蹊跷，当下决定与棋主再下了三盘。没有想到，这次，左宗棠三盘皆输。

左宗棠大感惊奇，问茅舍主人何故？

主人答："上回，您有任务在身，要率兵打仗，我不能挫您的锐气，现今，您已得胜归来，我当然全力以赴，当仁不让啦。"

左宗棠明白了，他感慨万分，认为棋主确实是世间真正的高手，能够审时度势，善解人意，有舍有得，是一个有大智慧的人。他当下对棋主行了大礼，夸赞棋主的胸怀和棋艺，心服口服自愧不如。

听了老先生讲的故事，管理铁路施工的干部们心里有了主意，他们不停地鼓励筑路工人，开动脑筋，摸透讨赖河无定河水的脾气，重新制订了切合实际的施工方案，利用山势修筑河堤，让河水由"野兔"变成了"家兔"，乖乖听话。很快，横跨讨赖河的铁路大桥就架了起来。

如今，讨赖河从祁连山里流出，安安稳稳地经过铁路桥后，就成了酒泉和嘉峪关两座城市之间的水清景秀的景观带了。这一切，在火车上可以看得清清楚楚。

朱元璋钦定嘉峪关

"嘉峪关"意为"美好的山谷",是明代万里长城的西端起点。在这里,两千多年前开辟的中国与西方经济文化交流的"丝绸古道"及历代兵家征战的"古战场"烽燧依稀可见。这里是中国丝路文化和长城文化的交汇点。南靠祁连山,北倚马鬃山,东接酒泉盆地,西为平坦的戈壁,地处河西走廊西段最窄处。

嘉峪关市是火车驮来的城市。没有兰新铁路时,这里是荒原一片。经过多年的建设,这里成为以钢铁工业为主的现代化工业城市,故又被称为"戈壁钢城"。

明初,朱元璋为巩固西北一带防线,派征虏大将军冯胜到河西走廊一带驻防,并准备在那里选址建关,以防止塞外游牧民族的袭扰。冯胜到处视察,寻找关址,最后决定在酒泉西边的讨赖河旁修造关城。他请来了能工巧匠,在河边上放了线、钉了木桩,准备第二天破土动工。谁知第二天一早,冯胜来到工地一看,发现地上的线和桩均已不见,他一边派人四处寻找，一边叫来昨夜值班兵士询问。值班兵士禀报说："昨夜我值班时，不曾合过眼，到四更时分，骤然狂风四起，刮得天昏地暗，风停后，再看地面上的线和桩均已不见了。"正在此时，到别处寻找线、桩的士兵气喘吁吁来报告："丢失的线、桩已在离此二十里的狭谷北面的嘉峪山坡上找到了。"冯胜将信将疑地跑到那里一看，桩和线整整齐齐地钉在山坡上，真是惊讶不已，静下心来再仔细观看这里的地形：只见南面祁连山白雪皑皑，北面马鬃山连绵不断，西面是广阔戈壁滩，东面绿洲片片，还有淙淙流淌的股股泉水。脚下，山势平坦。若在这里建关，依山傍水，居高临下，进可攻，退可守，固若金汤。进而细想，当初选址在讨赖河旁，夏季由于祁连山积雪的大量融化，洪水冲关而过，会致使全军覆没。越想越感到庆幸，"真是天助于我而改关址也"。冯胜立即上奏皇帝，朱元璋看完奏折后说："既然关址选在嘉峪山坡，就叫嘉峪关吧。"

嘉峪关的修建，需要成千上万块长 2 米、宽 0.5 米、厚 0.3 米的石条，工匠们在黑山将石条凿好后，却人抬不起，车拉不动，且山高路远，无法运输。大伙儿边凿石条边发愁，眼看隆冬季节就要到了，石条还没有从山里运出一块，若要耽误工期，没有工钱是小，这脑袋可就难保了。大家正在长吁短叹，这时，忽然山顶一声闷雷，从白云中飘下一幅锦绸，众工匠赶紧接住，只见上面若隐若现有几行字："冰道运石，山羊驮砖。"一个聪明的工匠悟出了冰道运石的意思。等到冬季到来后,他叫众人从山上往关城修一条路,在路面上泼水,让其结成一条冰道,然后把石条放在冰道上滑行运输,结果非常顺利地把石条运到了嘉峪关城下,不但没有延误工期,反而节省了不少工期。山羊驮砖,是什么意思,一时没有人猜得出来。

高 9 米的城墙修建得挺顺利,还要在城墙之上修建数十座大小不同的楼阁和众多的垛墙,用砖数量非常大。而当时修关城所用的砖,都是在 40 里以外的地方烧制而成。砖烧好后,用牛车拉到关城之下,再用人工往上背。由于城高,唯一能上下的马道坡度大,上下很困难,尽管派了许多人往城墙上背砖,个个累得要死,但背上去的砖却仍然供不应求,工程进展受到了严重影响。一天,一个放羊的孩子来到这里放羊玩耍,看到这个情景,灵机一动,解下腰带,两头各捆上一块砖,搭在山羊身上,然后,用手拍一下羊背,身子轻巧的山羊,驮着砖一溜小跑就爬上了城墙。人们看了又惊又喜,这不就是山羊驮砖么,于是急忙找来一大群山羊,大量的砖头很快就运上了城墙。

众工匠为了感谢上苍的护佑,在关城附近修建庙宇,供奉神位,并成为工匠出师后必须参拜的地方。

倾斜的李陵碑

出了嘉峪关,列车西去,就是石油名城玉门了。在这之间要经过几个小站,其中有一个叫黑山湖的车站,向北望去,黑山脚下竟有一片蓝色的水域,谁能想到,就在那里,会有一出千古遗恨的悲剧呢?

汉武帝时,李陵为了使中原农民安乐耕田,不受北方匈奴牧骑的袭扰,上书武帝,请求出兵征讨。得准后,李陵带骑兵由酒泉北上,数次大败匈奴。匈奴不敢再战,便退兵逃去。

李陵打了胜仗凯旋,路过黑山湖时,见湖四周水草丰美,四面还有山丘守护,是个休整的好地方,便下令在此扎营,并派人回京报功,这时的李陵,认为匈奴已闻风丧胆,不敢应战。便掉以轻心,整日吃喝玩乐。

众将见他昏昏然,便也尽拣好听的说,李陵好不快活。有一个李陵身边的官员,为了讨好他,便建议说:"将军打败匈奴,百姓万世安居乐业,这功大如天地,应该立一个碑,流芳百世。"这正说在李陵的心里,他连连点头赞同,并让那个官员负责造碑。

那个官员为了讨好李陵,别出心裁地要将碑建于湖心。于是,叫全军将士夜以继日轮班运土填湖,在湖中心夯筑了一座墩台,并在上面立一碑,上书"誉满边关"四个大字。

匈奴休整一阵后,听到李陵修碑一事,知道他的将士人困马乏,便派骑兵和步兵齐头并进,准备报一箭之仇。

李陵率兵亲自应战,由于仓促迎敌,自然惨败,连他自己也被活捉了,投降匈奴。

据说,千余年来,湖滩中心这块碑一直斜而不正。有热心人前脚扶正了,后脚它就又斜了。人们一看到这碑,就会想到李陵沽名钓誉而惨遭失败的沉痛教训。

兰新铁路通车玉门时,铁路工人们听到这一传说,相互立志,绝不自满,要以更快的速度将兰新铁路向西修筑,造福边疆。直到如今,人们还劝工作有成绩的人不要学李陵呢!

叫错了的站名

五华山站,是西出玉门的第一个水源补给站,这里四周奇峰座座,中间洼地田原像是一条绿色的大地毯,好一派塞外风光。然而,当地的老人们说,这里的名字叫错了,不应叫五华山,应叫五花山,还要以山北边的花海湿地为证。

说是董永与七仙女结合后,七仙女为了不让董永受刁难,一夜之间织出了一百匹绢锦。为了织得更好看一点,她推开窗子,用手一招,招来一朵红云;又用手一招,招来一朵白云。这样,她招来的各色彩云,往机上一贴,绢上就织出了五颜六色的云彩。从此,天下就有了"云锦"。这个消息传开后,引来不少纺织女学习。但天上织"云锦"的技法,七仙女是不敢轻易传授于人间的。

有一个叫祁巧的姑娘,在众多的人中,最心灵手巧,正直诚实。七仙女暗地对她进行了七七四十九种考验,很是满意。她知道自己在人间不能长久,就把"云锦"的秘法传授于祁巧。当王母下令将七仙女带回天庭囚禁时,才发现"云锦"秘法已传于人间。王母不乐意将这天上才有的手艺传入人间，急令天兵捉拿祁巧。那祁巧因事先有七仙女的嘱托，早偷偷逃到河西走廊西端这个人烟稀少的地方，躲过了天兵的捉拿。

日子长了，祁巧以为无事，放松了警惕。她见河西走廊的人们穿戴实在简单，就又四下传授"云锦"的织法。哪料到天兵捉不到她，在王母面前交不了差，正四下寻找她呢。这下终于发现了祁巧的行踪。祁巧为了使云锦留在人间，在天兵押她去天庭时，将"云锦"的五彩织法扔了下来。那五彩落地后，成为五花山。各种云锦的花样，丢在北面，就是如今花海乡的"花海"了。后来，人们又把各种云锦花样带到敦煌，通过丝绸之路，在世界传了开来。

不信，请你仔细看看，五华山四周的五座山峰，真的是好几种不同颜色呢！

工人胜过皇帝

在兰新铁路西出玉门后,在赤金峡一带铺轨时,当地百姓见铺轨机准确地将钢轨铺在道床上,无不为之赞叹,夸奖工人老大哥真有本事,比康熙皇帝建赤金城还厉害。

据说,由于贪官作祟,致使桥湾城废建,康熙皇帝很是气恼,他惩办贪官之后回朝,途经赤金一带时,看到汉代玉门县的城池早已面目全非,只留些残垣断壁,不由十分伤感,于是下令重建此城。可城郭图样又无处可得,不由犯起难来。正在愁绪之中,忽听头顶一声尖叫,康熙举目一看,原来是一只阳雀,便顺手一箭射去,不偏不倚正中咽喉。手下随从侍卫赶忙上前去拾鸟,不料箭头钻进地里拔不出来,也不见了射落的鸟。康熙十分奇怪,前去一探究竟,他轻轻一拔箭杆,箭便出来了。

奇怪的是箭头上沾有红色的金子,金块约摸有一斤重。正面刻着四个篆字"固若金汤",下面还有两个小字"赤斤"。背面是一个盘龙卧凤围绕的一座城郭图样。康熙不由喜上眉梢，当即下令在他搭弓射箭之处到箭头落地的地方建城。城池建好后，竟和原城大小一般，真是天做神功。从此，康熙奇建赤金城的故事在这一带流传开了。

老百姓们还说，康熙的本事真假咱没见，铁路工人老大哥的本事真叫咱开了眼。从此，这儿的老百姓有事，都乐意找铁路上的工人们帮忙，一直到今天还是如此呢！

十道沟

列车从玉门镇车站向西开出以后,便行进在疏勒河冲积平原这块绿洲上(在蒙古语中,疏勒是"水草丰茂"的意思),一直到桥湾进入甘肃、新疆交界的最大一片戈壁滩,这块近百里的绿洲才过完。细心的旅客会发现,这里上下车的旅客说的地名都是沟,一道沟、二道沟、三道沟……整整十道沟。你若要追根问底,或许会有人告诉你,这是太上老君犁出来的。老君犁沟不是在华山么,怎么这里……

相传,西汉大将霍去病,他为酒泉去敦煌途中几百里无水而焦虑。这一日,他离开了营帐,随意走走散心。遇上一位老者,从东而来,赶着牛,扛着犁西去。说是要去酒泉到敦煌途中的荒原上种地。霍去病听了哈哈大笑说:"我千军万马,都愁于无水,你一老者,莫说开荒种地,岂不是要渴死吗?"

老者笑而不答牵牛而去。霍去病觉得蹊跷,悄悄跟去观看。说也奇怪,老者在那干干的土地上犁上一拢,便是一汪泉水流出形成了一条河流。就这样,在老者耕种的地方,形成了一条条的河流,变成了绿茵茵的一大片绿洲。霍去病大喜,前去询问那老者究竟时,那老者竟乘一片祥云而去。霍去病这才明白,原来是太上老君前来相助。就这样霍去病终于完成了在河西走廊地区建立武威、张掖、酒泉、敦煌四郡的宏业,确保了丝绸之路的畅通。疏勒河冲积平原这块绿洲也世世代代有人定居耕种,而且从未发生过水荒。兰新铁路通车后,这里便成为铁路重要的水源补给地。兰新铁路有了这个水源补给地,才能给无水的火车站送水,顺利地通过甘肃、新疆交界 240 千米的无水地区。

其实,那十道沟的泉水,是南面祁连山融化的雪水渗入地下,这里地势平缓又重新冒了出来罢了。看看如今铁路修建的取水设施,可以给几百千米以外的戈壁车站和城镇供水,太上老君恐怕也自愧不如了吧?

大桥冲破"鬼门关"

五道沟河得天独厚,傍依着村庄、田园、树木,真是绿水青山啊。一九五七年铁路经过这里时,工人们修建起一座大桥,这以后,当地的人们走路都喜欢从大桥上过。特别是夜晚,哪怕是枯水季节,人们也乐意多绕个三五里,从铁路桥上过河。这是什么原因呢?原来,这儿还有一段奇特的故事哩。

传说在很早以前,有一个叫张二娃的小伙子。一天夜里,他去寻找被大风刮丢了的羊。过了五道沟河,就听见不远处有羊的叫声。他循声找去,羊叫声仍在前面不远处,他再快追几步,羊叫声仍在前面不远处。小伙子心里说:"好哇,这几只羊大概白天吃饱了,要和我比试一下脚力呢。"

他下定决心,穷追不舍。可是真的怪了,无论张二娃怎么追,那羊的叫声,总是在前面的不远处,就是追不上。

就这样,张二娃一直追到天亮时分,远处传来了鸡鸣,他才发现自己在河边上转着圈子,张二娃闹不清这是怎么一回事，就回去告诉了他的老父亲。

张二娃的老父亲以为张二娃偷懒，编出这么个情况，怎么也不相信，到了晚上还真去试了试，结果和张二娃讲得一模一样。

乡亲们也知道了这件事，也有胆大好奇的亲自去试。回来后，都说不得了，后来越传越奇，大家就唤这里为"鬼门关"，不但晚上没有人敢去这里过河，白天行人也稀少了。

其实，真正的原因是这里是一片盐碱地，只长一些骆驼刺和杂草，没有路，行走很困难，自然就容易迷路了。

铁路桥修起来以后，老乡们发现，如果夜里赶路，只要从铁路桥过了河，无论怎样都不会迷路了。老乡们说："火车辟邪，鬼也吓跑了，再也不敢设下害人的'鬼门关'了！"

直到今天，尽管五道沟河上有了好几座桥和坝，老乡们过河，还是愿意绕上几里路，走铁路桥。你要不信，可以亲自去看看。

以戒贪赃枉法的桥湾城

桥湾车站正东七千米,有一个古城遗址,至今已经很有名气了。因为关于这座古城有一个传奇的故事。

相传有一天晚上,康熙皇帝做了一个梦,梦见自己来到某个地方,突然出现了一片有山有水的好地方,山有龙凤之姿,水有瑶池之像,但见清水弯环,向西流去,河边有两棵参天大树,树上挂着金光闪耀的皇冠、玉带,真乃人间仙境……康熙梦醒之后,非常高兴,觉得梦中之境必是龙游圣地的瑞应,一定要找到那个地方。他让画匠把梦中游览过的地方画成了图,即命朝中大臣按梦中情景绘图查访。大臣们一见图上的景色,都到苏杭江浙一带去找,找了几年,仍然没有找到和图画中一模一样的地方。

一天,一个西去伊犁赴任的官员,来到桥湾暂时休息,无意之中,他发现这里与康熙皇帝的梦境相似极了。这里地处疏勒河畔,一湾碧水从面前流过,北有马鬃山,恰好岸边还有几颗白杨树,有棵树上挂着一只破草帽。他赶快派人火速赶回京城，上奏康熙皇帝。

康熙帝听闻找到了梦中游历的地方，龙颜大悦，随即下圣旨，加升了三品那个派人报告的官员。并且拨巨款，派程金山父子在桥湾仿照北京城的模样，督修一座方圆九里九的城池，做皇帝西巡行宫。

程金山父子奉旨来到此地，见这里荒凉偏远，心想，皇帝只是一时兴起，哪能真正来此巡游居住。修一个什么样的城，他也不会知道。反正，到时候，照着京城画上一张图，糊弄过去就完事了。程金山任命自己的儿子为建城总管，他见财枉法，偷工减料，贪污了建城银两，只修了一座不像样的小城敷衍了事，便回京城复命。

行宫竣工以后，康熙皇帝念念不忘此事，正好有一钦差大臣要到敦煌处理公务，康熙皇帝便要求他代自己去参观一下，这座在图画上看起来建得很不错的行宫。钦差大臣来到此处，发现桥湾城与程金山父子禀报皇帝的情况相差甚远，一桩贪赃枉法的案子，很快就现了形。康熙帝大怒，降旨将程金山父子处死，取其头，剥其皮，制成人头碗和人皮鼓，日夜敲击，以警后人。心中有愧的人见了，浑身都会起鸡皮疙瘩的。

当地的老百姓说，谁做了贪赃枉法的亏心事，是不敢到这里来的。

"窟窿地"和"不能提"

在离布隆吉车站不远的地方，有一大片沼泽，原来叫做"窟窿地"。相传当年樊梨花征西的时候，解了锁阳城之围后，继续追击溃败的残兵，快要追到疏勒河河谷了，那些在前面拼命而逃的残兵败将突然不见了。樊梨花大惑不解这是怎么一回事，便叫兵将小心，自己亲自带人前去查看。不料，刚进了谷地，她所乘的战车一只轮子突然陷进了泥里。大家赶快挖呀，捞呀，忙活了半天，连个轮子的影子也没有见到。这时，又有几辆战车和人马也眼见要下陷，樊梨花一见不好，急忙鸣金收兵，返回锁阳城了。她为了让人们记住这块不利于军事作战的地方，于是，起了一个名字叫"窟窿地"。从此，人们对此地退避三舍，宁可多绕几里路，也要避开这个危险之地。

当兰新铁路要经过这里时，有个懂些阴阳风水的老先生预言，在这里修路是万万不可以的。因为这里的"窟窿地"就是《西游记》里所说的无底洞，无论什么经过这里，都会沉下去找不见的。谁知火车竟然安然无恙地经过了这里。当阴阳风水老先生见到了他从没有见过的火车时竟然目瞪口呆,最后他如梦初醒地说:"原来火车是爬着过去的,要是站起来,说不定……看来,过去的事情是不能提了。"于是,人们把这块地方称作"不能提"。

说也奇怪,后来那片沼泽地慢慢地干了,土地极为肥沃。人们开始在这里开荒种地,放牧牛羊。蒙古族牧民称这里为布隆吉,意思是露头泉水多、水草丰茂的地方。昔日的"窟窿地"和"不能提",乖乖地听从人们的安排,众泉聚小溪,小溪汇大河成为一个不小的人工湖了。蓝色的湖水浇灌着四周的田野,真是一块难得的好地方。你若留心,乘坐火车经过布隆吉时,向南眺望,还可以见着它呢。

柳沟的镇妖双塔

列车通过柳沟车站时,细心的人就会发现,这儿起伏的山峦都是红色的。只是在南边不远处,有一汪蓝色的水,在阳光的照耀下,分外耀眼。这并不是戈壁沙漠中虚幻缥缈的海市蜃楼,而是一座面积三十多平方公里的水库,叫双塔水库。

随着岁月的流逝这儿早先的两座宝塔早已不复存在,巧的是遥远的乌鲁木齐红山和它对面的妖魔山也有两座宝塔,这是怎么一回事?当地流传着这样一个双塔的故事。

据说,在很久以前,柳沟附近的乱山子忽然转变了走向,把原来顺山而流的河水挡住了,眼看良田要变成荒漠了。人们求助上天。王母娘娘手下的黑衣童子和红衣童子正好闲来无事,就相约在此比试本领。

黑衣童子变成黑龙,在乱山子左翻右腾,一尾巴把乱山子砸开一个缺口,使蓝色的河水从豁口滚滚流出,解除了民间的灾难。

红衣童子也不甘示弱,变成了一条红龙,用头顶开了乌鲁木齐的红山和妖魔山，也使那里的乌鲁木齐河水顺流而下。当然那是另外一个故事了，咱们在此按下不表。

世上的事情总不是都能十分顺利。乱山子和红山的山妖不服输，做法让山体往一处合，想挡住出水口。老百姓为了永远摆脱灾难，听从黑衣童子和红衣童子叮嘱，分别在乱山子和红山、妖魔山断裂的两端修建起了镇妖宝塔。

传说中的妖魔和人间的妖魔都已被人们战胜了。一九五七年兰新铁路通车后，为修建双塔水库运来了大批物资。水库修成后，保证了下游四十万亩良田的灌溉，老百姓再也不用担心旱涝灾害了。遗憾的是水库淹没了双塔和隋唐时的玉门关，现在水下还有双塔和关城残迹。

后来有人说，黑衣童子和红衣童子都变成了铁路路基了，在铁路工人的手中牵着，首尾衔接，为人们造福呢。要不，为啥人们把铁路叫做"钢铁长龙"呢？

茫茫戈壁话唐僧

兰新铁路甘肃和新疆间是一片戈壁,火车要好几个小时才能开过这里,人们恨不能火车快一点,再快一点。可是你知道吗,当年唐僧西天取经,经过这里用了十几天的时间呢。

说是唐僧(玄奘)到达瓜州后,打听到去印度有南北两条道路。北道安全,但要经过兔葫芦河,那河上宽下窄,水流湍急,河边还有重兵把守的玉门关(汉、唐代的玉门关不在一处,汉代玉门关在今敦煌县南),是西去的必由之路。

玄奘发起愁来,因为他骑的马已经死了。他没有办理出境的手续,凉州严查和捉拿他的牒文已到,情况紧急。幸亏牒文落到一个叫李昌的官员手中,因为李昌崇信佛教,对玄奘西行并不想为难,还有些支持。他当着玄奘的面将公文撕毁,还替玄奘出主意,叫他设法赶快离开瓜州。

当地有个叫石盘陀的僧人,好不容易帮助玄奘找了一匹又老又瘦的赤马和一个老人回来。他告诉玄奘,这老人对西行的道路极熟,去过伊吾(哈密)三十多次。老人劝玄奘说:

"西行的道路危险极了,前面八百里戈壁,上无飞鸟,下无走兽,只能以死去的人和牲畜尸骨为标记。何况你单身一人。还是算了吧,不必冒这个险。"玄奘态度坚决,感动了老人,他把又老又瘦的赤马送给玄奘又说:"你不要小瞧这匹老马,它虽然老瘦,脚力却很好,而且往返伊吾十几次了,认识路途的。"他还告诉玄奘过了玉门关后,向西北走,一共有五个烽火台,相距各有百里,过了五个烽火台,就是莫贺盐碛,通过了,就可以到达伊吾了。

当晚,玄奘在石盘陀等人的相助下,砍树搭桥,过了兔葫芦河,绕过玉门关,匆匆向西而去。走了八十里,看到了第一座烽火台,天也亮了,玄奘不想再招惹麻烦,就隐藏在山沟里。天快黑了,才敢启程。在烽火台西边,他看到了一池清水,他赶快去喝,还想带上些。这时,一支箭射来,玄奘急忙大喊,不要杀我,我是长安来的和尚。烽火台的校尉王祥,也是信佛的,问清原因后,对玄奘很是尊敬。他也劝玄奘这样孤身一人,前程未卜,不要去了。玄奘执意不悔,王祥只能放行。送了玄奘干粮和水,告诉他直接去第四个烽火台,那个守台的是他的本家。还告诉他第五个烽火台的官是粗疏之人,最好不去,以防意外。第五个烽火台百里外有个野马泉,可以补水。可玄奘迷了路,找不到野马泉,他在下马取备用水袋时,失手打翻了水袋。一连四天,滴水未进,起初口干舌燥,后来浑身燥热,呼吸急促,人和马都昏迷在戈壁滩上。

躺到半夜，一阵清风吹来，玄奘和马渐渐苏醒。突然那马站起来，拼命向另一条路跑去，怎么也拉不住。玄奘追马跑了一阵，就见到了碧绿的一片草地，还有泉水，人马都得救了。补充了水源，玄奘最终好不容易到达了哈密。这大概是九九八十一难中的一难吧。

为了兰新铁路的畅通，铁路职工常年在这里工作，生活单调艰苦，向唐僧一样值得敬佩，在火车上看见他们，挥挥手呗。唐僧过兔葫芦河的地方，只要你坐火车留心看，在柳沟一带向南眺望，看见一片浩渺的水面，那里是如今的双塔水库，就是那里了。

吉祥的火车站

石板墩车站西南六千米的样子，有座烽火台，是石头砌筑的。据考证，是西汉年间修建的。在茫茫戈壁上修建这样一座烽火台，有什么用处呢。细细观察，原来在它的旁边，有一条南北走向的大车道。南去瓜州、敦煌，北连漠北、蒙古。是丝绸之路的岔路口。这里有着不大的一片泉水，周边胡乱长着芦苇灌木，是马匹和骆驼的上好补充饲料。

相传，当年薛仁贵征西的时候，曾经到过这一带，他们想穿越这块黑戈壁时，遇上了沙尘暴，不但迷失了方向，而且人马损失严重。真是虎落平阳被犬欺，薛仁贵无奈，停止了前进，退回白墩子。在那里树碑扬威后，收兵回朝向皇帝复命去了。从此，人们视这一片黑戈壁犹如虎穴一般，修建庙宇，祈求神灵保护。但是，无济于事，沙尘暴经常发生，夺去了许多人和牲畜的生命。连石头砌筑的烽火台，都被风暴吹塌了。一时间，荒无人烟。

兰新铁路通车后，这里建了火车站，有时，遇上风暴什么的，牧民们迷失了方向，那骆驼、马匹呀，竟然像有人在暗中指引似的，总是跑到火车站来。铁路职工们总是尽可能地招待和提供方便，保证牧民和牲畜的安全。曾有一个白胡子的老牧人，在获救的一天早上，看见阳光下铁轨闪着银光，虔诚地说："铁路上的石板墩火车站真是一个吉祥的地方啊。"

从此，这一带又有了放牧的人们。说也奇怪，这里的牛羊对过往的火车，一点也不害怕，还悠然自得地冲着火车点头呢。

来自柳园的"扎西德勒"(吉祥如意)

兰新铁路通车以后,在柳园火车站,经常可以看到藏族同胞用惊奇和尊敬的眼光来观看火车。

西藏和平解放以后,虽然有了吉祥的马儿(汽车)和吉祥的鸟儿(飞机),也有五彩路(公路),但是大宗的物资进藏,由于运输工具和地形的限制,还是十分困难。西藏有关部门在柳园设立了许多物资转运单位,还在这里修建了一段属于西藏的专用铁路。

在藏北草原上,有一个叫扎西的男子,他买到一台拖拉机,一天可以干完许多人好几天才能干完的活,认为只有在菩萨的天国里才有,像做梦一样,自己也享受上了。但是他不知道这些神奇的东西是从哪里来的,有人告诉他这是从柳园运来的,因为柳园有吉祥如意的大鹏鸟——火车,一次就能带来数不清的东西。

扎西听了,认为柳园会有吉祥如意的大鹏鸟和那么多好东西,一定是"扎西德勒"(吉祥如意)的发源地,就决心不远千里，亲自来柳园看看。

当他来到柳园，见到了渴望已久的火车，高兴极了，竟然对着铁路，许下了自己的心愿，祝吉祥如意的大鹏鸟一路平安，也祝自己的日子繁荣兴旺。这时吉祥如意的大鹏鸟（火车）仿佛听懂了他的心愿，高兴地欢叫着，开动了起来，还喷出了吉祥的烟云，在阳光的照耀下，五彩缤纷。

扎西心满意足地回藏北家乡了。果然，这年秋天，他美丽温柔的妻子生下了一对双胞胎孩子，他耕种的土地获得了以往没有过的收成，他放牧的牛羊也连上了天上的白云。他抑制不住心中的喜悦，请乡亲们喝青稞酒，唱拉伊，跳锅庄。他认为这是去柳园的收获。

于是，去柳园，看火车，可以吉祥如意的消息，在藏北地区传开了。柳园这个小小的城镇，很快在西藏有了很大的名气。如今，青藏铁路通车了，人们仍然常常提起柳园，因为那是吉祥如意的大鹏鸟（火车）故乡，那里当年的大鹏鸟（蒸汽机车）是会喷出吉祥的烟云的。

大泉、小泉和金矿

戈壁滩上的大泉车站，它的东北面有一大一小两个泉眼，相隔十几千米。西南方向，还有一个被废弃了的金矿，那儿除了留下被人开掘的痕迹外，还有一堆白骨，这是怎么回事呢？

从前，布隆吉尔川上有一户贫苦人家，母亲拉扯大了儿子，还给他定了亲。无奈家中太穷，连一身像样的衣服也做不起，那姑娘也是穷人家的，并不嫌弃。小伙子却不行，他想以后能过上舒心的日子。

小伙子想，大家都说万佛峡中有一尊象牙佛，有求必应的，何不去求他一次。果真，他白天拜了佛，晚上就做了一个梦。梦到西边戈壁上，有一处金光闪闪地方，他就向西寻找，终于找到了金矿。

慢慢地，他发了财，可是他忘恩负义，早把母亲和定亲的媳妇忘了。他想去繁华的中原，享受荣华富贵，当然也要找上几个顶漂亮的美人儿。他想走，又贪心不足，想多挖些金子，再多挖些金子。他每挖上一天，就打算第二天早上走，到了第二天早上，又改变了主意，想再多挖上一天。这样，他一天天地挖着。

家里的母亲见儿子久出不归，放心不下，就想离家去找，那个未过门的媳妇也要去，就和婆婆结伴而行。谁知，那小伙子早黑了心，根本不认母亲和未过门的媳妇，生怕分了他的金子。还不干不净地骂开了："呔！哪来的穷婆子，不要坏了此地的风水，快走！"

一连好多天都是这样。母亲绝望了，拉上未过门的媳妇就回家，一边走一边诅咒："老天爷，你要有眼，就立即劈了这个不孝的逆子吧！"

就这样，母亲骂着走了不远，心气力竭，倒在一个小山包前死了。那未过门的媳妇想回家去叫人，谁知她伤心至极，向东走了不远，一口气没上来，带着满脸的泪珠，倒在了沙滩上。

那个小伙子，采足了金子，怎么也背不动，最后累死在戈壁滩上。他的尸首，狼都不吃，乌鸦也不啄，只好暴尸荒野，日子久了，就剩下了一堆白骨。

后来，在母亲和姑娘倒下的地方，冒出了一大一小两汪泉水，这两汪泉水救活了不少戈壁上的过路人呢！走的人多了，有人还在这两汪泉水旁建了驿站。

兰新铁路修建时，有一个工程队住在了这里，他们就喝着大泉小泉的水。奇怪的是,喝了泉水,就增添了不少力气,用泉水洗衣服,又干净又舒服。所以有人说:"这是母亲和姑娘的一片痴情,让我们莫学那黑心的家伙,快快修好兰新铁路,为西北人民造福吧!"

照壁山的传说

过了照东站西去,北面出现了一座平顶山,这山不高,也不算大,可在戈壁滩上也算是鹤立鸡群,好似哪个大户人家院落大门里的墙壁屏障,这座山就叫照壁山。

照壁山在河西走廊上可不止一处,张掖地区临泽县的北郊,玉门市南站的饮马水库……都有照壁山。河西地区怎么会有这么多照壁山呢?

三千多年前,周穆王时,国泰民安,他准备向西巡行,一来让天下的百姓看看天子的尊容,二来准备去瑶池会见西王母,并到葱岭一带看看异国风光,当一行人马前呼后拥地离开镐京,他忽然心血来潮,想用昆仑玉和祁连山石作一个山一般大的御座,赠给西王母,以示周王朝的威严。

好在周穆王一路游山玩水,并不急于西行,他的大臣们一算还来得及,就急令在三危属地(今敦煌一带)的三苗部落,征用能工巧匠,就地采石制作。御座作成后,竟然天衣无缝,周穆王中心大悦,奖励了工匠一番,谁知美中不足,这么个庞然大物怎么运到瑶池去呢?

群臣们傻了,一个个束手无策,周穆王发了几天火,也无济于事。他气得抽出利剑,把那御座劈了,大石块飞到现在这些地方,就是一座座的照壁山了。

铁路通车时,前来观看火车的老乡们不知怎么想起这事,感慨地议论说:"当年要是有火车,周穆王就不会发火了,瑶池也会多一景。"

可不,铁路是为边疆繁荣立下汗马功劳的。偏偏人群中,有一位坐过火车的老人却不以为然,他说:"那是老黄历了,我看周穆王活到现在,他去会西王母也会坐火车的,那御座根本不用带,火车上哪个椅子不比他的御座好啊……"

好,就让照壁山陪伴着兰新铁路,做个历史见证吧!

红柳河的水为什么是干涸的

经常去新疆的人,都知道红柳河车站。每次列车驰骋到这里,广播室就会报出清脆悦耳的曲子和有节奏的手鼓声。哈!终于到新疆啦!多次乘车的老乘客还有把握地说:"哎!列车向西五公里,过了红柳河大桥,才算进入新疆呢,那河是天然的界限嘛!"

听这样一说,谁不想看看红柳河啊!可不,这红柳河气势非凡,北面上游是宽阔的河谷,在这里进入又高又窄的峡谷,向西转弯后,在黑色的山脉中不见了。人们也有点遗憾:"这河怎么是干的呢?"

远古的时候,共工与颛顼争帝位,把撑天的柱子碰倒了几根,大地倾斜了,水向东流入了大海。西边的河流都渐渐干涸了,那绿色的平原、森林、田野都变成了戈壁。

这时,居住在敦煌一带的三苗部落,出了一位英雄。他越过九十九条大河,翻过九十九座高山,千辛万苦学成了本领。他可以将山拔高,挡住天上的云彩,使它变成晶莹的雪水。这位英雄先使了大力气，将南边的山拔高了两座和祁连山摆齐，山下就有了疏勒河和党河，这下三苗部落得救了，其他不少部落也得救了，英雄还有点不甘心，想把北边的山也拔高，使发源北山的红柳河等河流也充满了水，可他太劳累了，刚来到山下，就一头栽倒了，再也没有起来，所以红柳河水一直干涸着。听牧民说，那位英雄死不瞑目，他两只眼睛一直睁着，分别化成了两口井，现在还在北山脚下，那井水有点发苦发涩，真像英雄遗憾的眼泪呢！

从疏勒河到哈密绿洲，这是兰新铁路穿过的最长的一段缺水地区。人们希望那位英雄重新活过来，引来河水，结束吃水靠火车拉的状况呢。

玉石山

天湖车站,每年都要外运很多的建筑材料,其中有一种白色的大理石被叫做"天山玉"。

相传,这里原来也和巴里坤草原一样,是一片海洋,天山还是海底山脉呢。后来,海水渐渐干涸,只留下一片片的海子。海子边上及高山坡麓长满了绿茵茵的牧草。有一天,在湖畔放马的哈萨克牧人木哈里,看见从海子里跃出一匹马,这马浑身洁白晶莹,像天上的白云一样,连一根杂毛也没有。木哈里急忙上前抓住马!那真是一匹举世无双的宝马啊,猎了黄羊要大家分着吃,幸福是要请人共享的。木哈里快活极了,请来了许多乡亲,一道欣赏他获得的宝马。其中还有一个贵客,那就是在这放牧多年的汉族兄弟胡得富。木哈里和胡得富两人都淳朴、善良、热情,知心的话儿总是说不完。有了宝马呢,当然也得俩人换着骑,不久,他俩干脆伙在一起放牧了。

转眼间春去秋来,风来了,草黄了,寒冷的冬季快来了。

当天上落下第一片雪花时，汉族兄弟胡得富要回家去看望慈祥而又年迈的老母亲。哈萨克兄弟木哈里，也要回巴里坤草原上去看望他的父兄们，木哈里知道，胡得富回家路途遥远，还要穿过茫茫的戈壁，就决定把宝马送给胡得富。

胡得富怎么能要呢？他再三感谢推让，木哈里仍要给他，这样，俩人谁也说服不了谁，都不肯骑上宝马而去。胡得富一想，老这样也不是办法，干脆先答应下来，等到晚上，趁木哈里兄弟睡着了，再悄悄离去，宝马木哈里不留也得留下。谁知木哈里也是这样想的，胡得富兄弟不收也得收。半夜时分，俩人都心照不宣，悄悄起身，一个向东，一个向西走去。

天亮以后，宝马一见主人走了，就急忙追赶，它向西追上木哈里，木哈里向东一指，让它去追胡得富。它向东追上胡得富，胡得富又向西一看，让它去追木哈里。这样来回好几次，弄得宝马不知所以，只好站在高处，引颈嘶鸣。它还以为自己得罪了主人，主人不要它了呢，就越叫越悲切。木哈里和胡得富都发现不对劲，往回赶时，已经晚了，那马化成了一座山，兄弟二人在山上相见，感慨了一番，才依依不舍地离开了那宝马变成的山。

后来，水退了，草没了，不知道过了多少年，这儿终于成了一片戈壁，那座山呢，仍然立在那里。

铁路通车后，人们又记起了这座山，挖开一看，竟然全是一块块的大理石"天山玉"。人们把它开采出来，装上火车，运往祖国各地,用来建设社会主义各民族的大家园。现在,人们一见到天山玉,就会想起那动人的传说,就会从心里说:"我们各民族兄弟团结一心,要像天山玉一样洁白无瑕,共同建设美好的新疆……"

石燕姑娘

石燕车站，是不引人注目的戈壁小站，在尾亚的东面。关于这个车站的站名，在过去还有一段优美的传说哩！

相传在汉代，中原已是一个中央集权的统一的封建社会了。但在大漠南北以及西域的匈奴地方政权，还处于奴隶制时期。残暴的匈奴奴隶主贵族们，经常扰乱中原，特别是西部遥远而漫长的丝绸之路，更是他们掠夺的对象。汉天子不得不派出大批的军队，驻守丝绸之路，保护众多驿站和商贾们的安全，以利于同西域各国交往。有一个叫石燕的姑娘，随父来到这玉门关外，住在驿站里，热情款待那些东来西往的过客。

有一天，突然涌来了大批的匈奴骑兵。驿站驻守的汉兵们，已经来不及点燃烽火报警了，全部奋力抵抗。由于寡不敌众，在拼命的厮杀中，驿站的全部人员都壮烈地死去了。石燕姑娘也数处负伤，昏死过去。

匈奴骑兵们高兴坏了，他们得到了不少丝绸和珠宝。为了庆祝他们的胜利,这些家伙们在黑夜里乱跳乱唱,狂饮大吃起来。夜深了,这些家伙醉得不省人事。阵阵凉风吹过,石燕姑娘醒了过来,她爬上了无人戒备的烽火台,点燃狼烟,当匈奴人马发觉时,疾驰而来的汉兵已经将他们全部包围了。终于,这伙凶暴的坏人被消灭了。

后来,石燕姑娘在看到胜利后被杀死了,人们隆重地安葬了她。早先,星星峡的庙宇中,还有她的事迹故事画呢!

如今早已换了人间,兰新铁路,代替了那漫漫的丝绸之路。石燕站,又来了不少"石燕姑娘",这些女扳道员、值班员、养路工们,每天迎来送往的再也不是那些骆驼队了,而是飞奔的时代列车,不是吗,曾经在小站工作的女性是应该受人尊重的。

骆驼的尾巴为什么那样短

一提起丝绸之路，人们马上就会想起沙漠之舟——骆驼。悠扬的驼铃，浩瀚的沙漠，一幅幅西域的景色，自然就浮现在人们的脑海里。

细心的人们会发现，骆驼的尾巴竟然那么短，它为什么不像马牛的尾巴那样长呢？

相传在很久很久以前，骆驼的尾巴可不是现在这个样子呢。

古时候，在西域一个土地辽阔，美丽富饶的村落里，有一个叫赛曼德尔的年轻人，他家祖祖辈辈都是铁匠。他从小跟着父亲专心致志地学习手艺，还不到十八岁，就是远近闻名的师傅了。他也得到了青梅竹马——邻居家的姑娘古兰拜尔的爱情。

有一天，为了使乡亲们的劳动工具更加好用，赛曼德尔就想寻找上好的矿石炼铁。他想离开家乡，四处去探访。古兰拜尔哪里能让他一个人去冒险呢？就决定同他一起去。

日子一天天过去，虽然辛苦，他们俩在寻找的路上爱情越来越深。两颗火热的心,靠得也越来越近了。白天,太阳与他俩相伴,百灵、云雀为他俩歌唱。夜晚,月亮为他俩守护,无数星星为他俩祝福。

功夫不负有心人,他俩越过一个山口,终于在一个叫亚曼苏(苦水)的地方,找到了上好的铁矿石。赛曼德尔高兴极了,他一边挖,一边叫古兰拜尔回去报信,牵骆驼来驮矿石。虽然两人分开的日子不会久,古兰拜尔还是舍不得,千叮咛,万嘱咐,一步三回头地走了。

这些情形,早叫一个什么也不会做的二流子卡莱普看见了。这个卡莱普,对古兰拜尔的美貌早就垂涎三尺,无奈古兰拜尔根本看不上他。

卡莱普明白,这一次赛曼德尔找到了上好的矿石,打造出好用的劳动工具,一定会更加得到乡亲们的爱戴,古兰拜尔也会更加喜欢赛曼德尔,他想得到古兰拜尔的美梦就一定会破灭。

于是,他想出了一条毒计。在古兰拜尔回村去报信牵骆驼的时候,他把古兰拜尔设的路标改变了方向。使得古兰拜尔的驼队向戈壁深处走去。当古兰拜尔发现路线不对,想往回走时,戈壁滩上突然刮起了沙尘暴,她一下迷失了方向。

这下,尾随古兰拜尔的卡莱普高兴了。他假惺惺地装作知道古兰拜尔有难,赶来帮助的样子。一见古兰拜尔根本不搭理他,就气急败坏耍起了无赖,威胁古兰拜尔说,要想走出戈壁，除非古兰拜尔嫁给他。

古兰拜尔死也不答应。卡莱普原形毕露，他想自己得不到的，别人也别想得到。就抢走了古兰拜尔的驼队，把古兰拜尔一人扔在了戈壁滩上。

返回绿洲的路上，卡莱普害怕骆驼们跑了，晚上把骆驼的尾巴绑在一起，使它们动弹不得。骆驼也是通人性的，它们痛恨凶狠的卡莱普，思念温柔善良的女主人古兰拜尔。骆驼们发怒了，挣断了绑在一起的尾巴，将卡莱普踏死在黄沙里，跑回去接女主人古兰拜尔。并把古兰拜尔带到了赛曼德尔身旁。打那以后骆驼的尾巴就短了。

兰新铁路通车后，在山口站为新疆八一钢铁厂接运雅满苏的铁矿石，新疆的钢材越来越多，越来越好，可别忘了赛曼德尔和古兰拜尔牵骆驼寻找铁矿的艰辛啊。

灵 泉

烟墩站虽然也是戈壁滩，却是从内地进新疆第一个有水源的车站，水从北面十几千米的地方引来。兰新铁路通车后，工人们在这里栽下了树，使戈壁长出一片郁郁葱葱的阴凉来。谁能想到，烟墩的一汪甜水，过去竟在统一祖国，征讨叛逆中立过战功呢！

早先，烟墩的泉水不但咸苦，而且又少又细，清代乾隆年间，准噶尔阿睦尔撒纳叛乱，准备投叛俄国皇帝。陕甘总督黄廷桂奉旨征讨。经过莫贺延碛时，要有三万战马在烟墩休整，烟墩的那点咸苦水，还不够马湿一下嘴的呢，军情似火，准噶尔的百姓望眼欲穿，等待着中原的大军来为他们撑腰呢，这下可把黄廷桂愁坏了。他亲自带队在戈壁上四处寻水。忽然天地间刮了一股子旋风，那风说也奇怪，只在黄廷桂马前绕。人们都视旋风为不祥之兆，所以黄廷桂也拉马躲避。可是，他朝哪里躲，旋风就刮在哪里，闹得黄廷桂火了，冲着旋风而去，旋风后退一段，仍在马前绕。如此这样几次，黄廷桂好生奇怪，心想，我一直打马赶它，看那旋风怎的？

就这样，黄廷桂追啊追，追到一处地方，那旋风不见了。说也奇怪，别处的戈壁在太阳照射下，都热得不行，这地方却凉凉快快的，还隐隐约约听得见水声。黄廷桂猛然醒悟，他率兵征讨叛逆是正义之举，感动了上苍神灵，在暗中为他相助呢。他赶快下马，向苍天行了大礼致谢，然后叫上士兵在此挖泉。果然，有清泉在地下石板孔中流出，甘甜甘甜的。黄廷桂当时就在这儿立了一块石碑，名"灵泉碑"，记载此泉的功绩。

多少年过去了，烟墩的泉水依然不断地涌出，现在，这水又为边疆铁路服务，继续为边疆的经济繁荣和兴盛立功呢！

救命草

越过甘肃、新疆最大的一片缺水地区，快要进入哈密绿洲时，首先进入人们视线的，就是那荒漠上的野草了。黄芦岗站，就因为这些草得名。

相传，过去这里也是一望无际的荒漠，根本没有一丝绿意，过往的人们往往快要到绿洲时，耐不住焦渴，昏死过去，有不少人就这样命丧黄泉了。时间长了，沙漠快要到绿洲的边缘，总有一片一片的白骨，人们把它当作路标，见到它，就知道快要到绿洲了。

不管怎样，沙漠戈壁总是还要有人过。过往的人们烧香许愿，求助神灵，保佑他们能顺利穿过戈壁。

心诚则灵。也许是香火太盛的原因吧，惊动了大慈大悲的观音菩萨。她手托净瓶，动了恻隐之心。随手把净瓶里的树枝叶儿扯碎，扔了下来，本来一望无际的荒漠长出了绿茵茵的草来。从此，过往戈壁饥渴极了的人，用最后的力气挣扎到这里，饿了吃草籽，渴了吃芦苇根，缓缓劲儿，努努力，就踏上了绿洲。不知有多少人就这样活了下来，人们为了感谢这些从天而降、生生不息的野草，尊称这些草为"救命草"。

铁路通车后，再也没有人为通过戈壁而发愁了。可那草却长得更加旺盛了，为铁路防沙固沙立下了新的功劳。在20世纪60年代初，由于自然灾害，缺少粮食，不少的铁路职工家属，依靠到这里打草籽，才渡过了饥荒。

这是多么神奇的小草啊，它还是兰新铁路发展史的见证呢！

绿洲是怎么来的

在兰新铁路上乘车,车窗外的景色大多是一望无际的戈壁滩,却也不时地闪过一块块大大小小的绿洲。那绿洲像浩瀚大海中的小岛,给人们带来惊喜。人们用最美好的词汇来形容赞美它,珍珠、玛瑙、翡翠……

绿洲是怎么来的呢,从汉代张骞"凿通"西域后,居住在这一片片绿洲的汉、蒙古、回、维吾尔等众多民族中,都流传着许多优美动人的故事。在维吾尔兄弟中,就有这样一个传说:

在很久很久以前,有一个国王叫卜古可汗,有一天晚上,他在葡萄架下乘凉,在阴凉中不知不觉睡着了,做了一个非常美妙的梦。在梦中,先知告诉他,在戈壁瀚海中,埋藏着一本金书。得到这本金书的人,就能带领天下的民众过上天堂一般的日子。当卜古可汗想问清楚这本金书在戈壁滩中什么地方的时候,刮起一阵轻风,吹得他突然醒过来。

卜古可汗把这件事告诉了他的大臣们,怎么才能找到金书，大臣们议论纷纷，一时间想不出什么法子来。后来，有一个年老的大臣说："既然先知托梦于汗王，就说明先知信任汗王。要是能够找到这本金书，就是我们每一个人的福分了。以老臣之见，不如发文告，告知天下，谁能找到这本金书，谁就可以成为汗王的继承人。"

大臣们觉得这个主意不错，纷纷赞同。卜古可汗细细思量了许久，点头同意了。便发文告于天下。为了今后的幸福生活，老百姓就纷纷争先恐后地在戈壁滩中挖开了。挖来挖去，金书没有找到，但卜古可汗的耕地却增加了不少。日子也比以前好了不少。

又有聪明的人建议说："戈壁太大了，老是在咱们汗国的地界上找，当然找不到，我看咱们应该四下散开，到天下更远的戈壁滩上去找才是。"

离开自己的家园，到远处荒无人烟的地方去，可不是闹着玩的。但还是有一些勇敢的人，四处找寻。后来，路途越来越远，为了解决吃饭休息的问题，他们每到一处，就先在戈壁滩上盖房子，修水渠引来雪山水，栽上树，种上瓜果、葡萄、庄稼，养起了牛羊。日子久了，虽然没有找到金书，可是每年春天播下的种子，都在阳光下发芽、生长，到了秋天，就是果实累累，粮食满仓，牛羊成群，真像幸福的天堂了。这样，许多人就干脆留在新开垦的土地上，自由自在地生活，一代又一代，新开垦的土地就慢慢形成了一块块的绿洲，来自不同地方的各族民众，和谐相处，安居乐业。

多少年过去了，戈壁滩上的绿洲就像夏天夜晚的星空，星罗棋布，密密麻麻了。那本金书，一直到现在，也没有找到。据说，还有人坚持在找，也有人说，这是卜古可汗为了开发西域，编出来的故事。可谁知道呢，反正事情过去了千百年，老祖宗的事儿谁又能说得清楚呢？

兰新铁路通车后，引来不少有志青年，到边疆，到新疆，到祖国最需要的地方去，戈壁滩上亘古荒原变良田，一个个新城建立了起来，赛过江南，美如花园，石河子、奎屯、阿拉尔、舒木图克……盛产石油、煤炭、棉花、瓜果，为祖国建设做着贡献。如果你要到新疆去，可千万不要忘了去那些戈壁绿洲上的新城看看。

沙枣花的传说

春夏之交,如果你乘火车经过哈密,一定会被铁路两旁盛开的沙枣花飘来的香气所折服。沙枣花,是一串一串的,花瓣很小。花黄色,四角,呈喇叭状。一串串的沙枣花,错落有致地长在沙枣树枝上,香气浓郁,韵味悠长。居住在这里的老人会给你讲述很久以前就流传的一个故事:

盛唐武则天当政时,派钦差大臣在全国范围内筛选百花仙子,有位大臣踏遍万水千山,前往西域,经历千辛万苦,好不容易征集到西域多国人们拥戴的沙枣花为候选仙子,回朝后向武则天交旨。在述职时向武则天敬献了一枝银白色树叶、开着香甜小黄花的树枝,说这就是西域称为"金花银叶"的沙枣花。武则天闻着沙枣花的清香,点头赞许。

不料引起一些小人的极大不满,他们见自己所献的花草要落选了,讨不着武则天的欢心了,就进谗言说那位大臣胆大妄为,居然不知道从什么地方胡乱拼凑的所谓"金花银叶",世上根本没有这样的花。这是欺君之罪。

那位大臣依理相辩,讲述了他在西域的所见所闻。在西域广袤的戈壁滩上,最易种植、最不起眼的树,就是沙枣树了,这种落叶小乔木,又称桂香柳、银柳,以果实似枣而得名,沙枣苗木由于枝杈较多,蓬生蓬长,不算太高的沙枣树既没有白杨伟岸挺拔,也没有胡杨绿盖如亭,它只长着针形的细叶,叶的两面均有银白色鳞片,远远望去灰蒙蒙的一片,不是十分好看。但是,乍暖还寒,在远看草色近却无的时候,沙枣树的枝条似乎不再枯残,细嫩的新芽显露出盎然生机,最早给戈壁滩捎来春的气息,给人们带来希望。步入初夏,仿佛一夜间,叶片间开满喇叭状的小白花,团团簇簇,花萼钟形,芳香十里,给人们阴凉。随着秋天收获季节的到来,树上结满了黄澄澄的枣粒,缀满了沙枣树,给人们喜悦。

谁知那些小人私下里早已串通一气,一人说不行,一群人一起乱说,他们在皇帝面前对这位钦差大臣和沙枣花进行百般诽谤及恶毒攻击。武则天起了疑心,于是就叫那位大臣领路,派人前去查看。由于路途遥远,耽误了时间。最后把牡丹花定为花王,百花仙子也各有其主了,从此沙枣花就被遗弃了。

那位钦差大臣在路途中听说后,一气之下染上了风寒,死在了戈壁荒漠中。沙枣花听到此消息后万分生气和悲痛,因为受遗弃和排挤,就流浪到别的植物都无法生存的地方,落户在戈壁荒漠中,陪伴着那位钦差大臣,顽强的生存着。

打那以后，出于对恶人的防卫，沙枣树浑身长满了尖刺。不去争奇斗艳，不再争名夺利，为人类防止干旱，固定风沙，保护田园默默地做着自己的贡献。

左公柳

在哈密绿洲，乘火车向窗外观看，道旁树以柳树为多，有人会告诉你，那叫"左公柳"。

这里面可是有一个真实的故事。

清朝同治年间，大西北一片乱象。延续十数年的民族争斗和地方割据，西方列强虎视眈眈，浑水摸鱼，朝廷相当一部分高官主张放弃新疆，湖南人左宗棠和有血性的国人力主一战。

左宗棠身体力行，花甲之人，请缨征西，提劲旅由甘进疆，令旗兵抬大黑棺材一口，以表与英、俄等列强拼命的雄心。他率领湘兵来到西北大漠时，深感气候干燥，寥无生气，而且兵将们又极易患上水土不服。

左公从小生活在湘江之滨，对绿树有着特殊偏爱。遂命令筑路军队，在大道沿途、宜林地带和近城道旁遍栽杨树、柳树和沙枣树，名曰道柳。其用意在于，一是巩固路基，二是防风固沙，三是限戎马之足，四是利行人遮凉。凡他所到之处,都要动员军民植树造林。后来人们便将左宗棠和部属所植柳树,称为"左公柳"。

进军新疆后,左宗棠将行辕大帐设在哈密凤凰台。他下令植树是仅次于作战的硬任务。他是苦出身,自称"湘上农人",挖坎儿井、砌渠、刨坑他都带头干。立有战功的标统詹玉启糊弄人,树栽得太浅,左宗棠验收时,轻轻一提就离了土,抽了他两百鞭子。都统左宗柜,大帅堂弟,为盖军械库擅令属下占用了四亩苗圃,被砍了头。在干旱少雨的哈密,左公柳对涵养水源、防风固沙起到了积极作用,哈密人民自然对"左公柳"怀有一种特别的感情,所以哈密的"左公柳"最多。

左宗棠在大西北前后十数年,除军事外,作为颇有远见的政治家,功勋卓著,他在戎马倥偬中,实干硬干,操办了许多兴利除弊的事业,植树就是其中之一。他本想以收复新疆的武功而彰显于后世。却万万没有想到,他死后人们对他最没有争议的纪念竟是——种树,并不约而同地呼之为"左公柳"。可见老百姓的普遍共识:生存环境至上,和平重于战争。

后来,"左公柳"成为一记正义的标志,一种爱国的象征。1879年,清朝大将杨昌浚到新疆筹办军务时,在河西走廊和新疆沿途看到杨柳成荫,得知这一浩大的功绩是左宗棠作为后,遂写下了一首脍炙人口的诗篇:"上相筹边未肯还,湖湘子弟满天山。新栽杨柳三千里,引得春风度玉关。"此诗流传甚广，很为后人称道。

　　铁路修到哈密时，火车站选址在城北的沙窝上，铁路职工也广栽"左公柳"，积极绿化，如今早已和绿洲融为一体了。

坎儿井

在兰新铁路哈密到柳树泉这一段绿洲里,细心的旅客可以发现,从北面天山向下看,每隔一段,总会有顺高坡而下的一堆一堆的圆土包,排列有序地从戈壁进入绿洲,这便是坎儿井,地下的人工运河。

相传在很早以前,在天山北面的一个汗国里,有个青年叫哈吾勒,他与一个美丽的姑娘尼露拜尔相亲相爱。

正在他俩准备举办婚礼时,汗国的国王出门狩猎无意中碰上了尼露拜尔,并且一下子就被尼露拜尔的美貌迷住了,他当时就要把尼露拜尔带进王宫里去。但尼露拜尔坚决不肯,并解释说她已经有意中人了。

国王听了,叫人叫哈吾勒来,提出两个选择,一是答应国王把尼露拜尔带走,哈吾勒可分得汗国的一大块土地,从此荣华富贵;二是不答应,哈吾勒和尼露拜尔就被立即赶到天山南面的戈壁上去。

为了爱情,哈吾勒和尼露拜尔选择了后者。迎接他们俩的，是一片严酷的干旱荒漠。为了生活下去，他俩四处找水。功夫不负有心人，终于，他俩找到了片有草的地方。虽然草木不太多，但有草就会有水呀，他俩顿时充满了喜悦和信心。

哈吾勒说："尼露拜尔，绿草和清水是一对天生的情人，真主保佑我们，我想会挖到水的。"

尼露拜尔说："亲爱的，我一切都听你的。"

于是，这对情人满怀信心地挖开了，终于，在几丈深的地下，甜甜的水珍珠似地从沙子和石子中涌了出来，他俩成功了。但是，一桶桶地取水，是浇灌不了多少土地的，这怎么办？

尼露拜尔看看四周，有了主意说："南边的地势低，如果咱们向那里引，水不就从地下出来了吗？"

哈吾勒被情人的智慧打动了，喘喘气，不停地干下去，终于让水流出来了，从此，俩人开荒种地，自给自足，自由自在，日子过得好快活。后来，不少人听到这一消息，也纷纷搬来，农田越来越多，戈壁就成了绿洲了。

如今，铁路工人们也十分喜爱那坎儿井里清甜的水流，特别是养路工人们，干活累了，喝上一口，嘿！那真是美极了。

魔鬼撒旦的属地

乘火车越过哈密绿洲后，要经过一片雅丹地形的戈壁，人称百里风区。放眼望去，高高低低的土丘，有的拔地而起，亭亭玉立，好像现代化工业区的烟囱；有的鬼斧神工，高楼座座，好似一个人们刚刚离去的城镇；有的又恰似整装待发，停泊海港的战舰。在这自然奇观的钦赏中，一个个车站飞速而过，不知不觉百里风区就在身后了。

可在从前，路过这里可不是好玩的，能否生还还要划上一个大大的问号。唐僧当年取经路过的风灾鬼难之地，就是指的这里。相传，魔鬼之王撒旦作恶多端，得了一种奇怪的头痛病，只有每天吃几个人头才会不痛。他就叫几个老卒在百里风区一带设难。他们先制造热风和干旱，使四周变得寸草不生，滴水没有，让来往于哈密、吐鲁番之间的人们受尽苦难。

这些邪恶的家伙，专门趁路人在戈壁上干热孤独时间长了，心情烦乱的时候，突然刮起大风，弄得风沙走石，天昏地暗，使路人恐慌、无奈。然后再乘其不备，扰惊驼队，让驼队顺风乱跑，扔下路人既无饮水，又无干粮充饥，几番折磨后，使路人神志不清，胡乱逃到就近的沙丘及壑沟之间躲避。

这时，他们又扮作上天的使者，假惺惺安慰几句。骗得路人相信后，再猛然叫起路人的名字，使路人乐悠悠地听声而跟着他们去了。这样，恶魔们不知掠去多少上当受骗的善良人们。据讲，当年唐僧也无可奈何，仗着徒儿们的神通，借路而过的呢！

人们为了通过这段魔鬼出没的雅丹地带，总是一遍遍地口念"都瓦"，（注一）祈求仁慈的上天保佑。然而多少年来，风暴不停，总是有人在这一带失踪。一提起通过这里，无论是谁都要胆战心惊。

铁路通车后，尽管风暴经常出现，坐火车的人们总是安然无恙。难怪不少维吾尔兄弟坐在火车上十分高兴，唱起柯夏克（注二），夸着人们铁路"亚克西"呢！

看着百里风区那一个个站名，大步、猛进、飞跃……你大概可以悟出，铁路工人对穿越百里风区旅客列车安全正点通过的美好祝愿吧！

注一：都瓦，维吾尔语祈祷、祝福的意思。

注二：柯夏克，维吾尔语民歌的意思。

"百里风区"的由来

兰新铁路最难过的一段,就是百里风区了,当狂风肆虐,遮天蔽日,有时竟然将火车刮翻,令人伤透了脑筋。为了解决这一自然灾害,铁路部门修建了上百公里的防风墙,成了风区铁路的一处景观。关于"百里风区"的由来,在了墩、十三间房一带,有一个有趣的传说。

早先哈密到鄯善一带,风和日丽,还有沙尔湖水碧波荡漾,四周绿草青青。

在大清朝的时候,左宗棠率兵平定阿古柏叛乱时,来到十三间房一带,忽然刮起了大风,那风刮得,一连几天几夜,飞沙走石,天昏地暗,刮丢了左宗棠的一半人马和物资,这可如何是好,急得左宗棠直转圈圈。

这时,一个鬓发洁白的老人拄着拐杖突然出现在左宗棠面前说:"将军,你在此遭难,完全是风妖作怪啊!"

左宗棠着急,老人却不慌不忙告诉他,前去天山深处一个叫大石头的地方查看就是了。

左宗棠急忙带队前往。果真,天山深处大石头的地方山势险峻,但是没有见到什么风妖,反倒是见到两个道士悠闲地在石头上下着象棋。左宗棠见情况不明,吩咐手下小心谨慎。

两个道士对左宗棠的人马到来,丝毫没有感觉,不理不睬,旁若无人地一心一意下着棋。左宗棠和手下敛声屏气地静静等待。

不知过了多久,两个道士的棋终于下完了,待他俩人收手品茶时,左宗棠才上前施礼,说明前来得因由。

大一点的道士哈哈一笑说:"原来是左将军啊,不忙不忙,我二人正是所说的风妖,将军不见的一半人马和物资正在我家后山。"

左宗棠有些发怒:"军情紧急,你们二位……"

"不如此,左将军哪能屈尊前来。"小一点的道士抢着说道:"我二人无意伤害你的人马,也不要你的物资,只是有一事相求而已。"

原来,二位道士就是风妖,在天山修炼多年,已经得道。但是在这深山老林的日子久了,有些寂寞难耐。听说京城热闹非凡,他俩想叫左宗棠在皇帝面前奏上一本,给他两人封个一官半职,享乐几天。

他俩承诺,只要左宗棠答应,不但兵马物资交还,而且还协助左宗棠大军一道讨伐阿古柏。

左宗棠一想,这件事不难,只要他俩助战,立下功劳,待回到京城复命，告知皇上，封个闲职当当，是没有什么问题的。当下，就爽快地答应了。

二位道士大喜过望，谢了左将军。叫他闭上眼睛，二人作法。左宗棠只觉得风声大作，自己飘飘悠悠的。不一会儿，听见有人在叫，左将军回营了。他睁开眼睛一看，大军已经整整齐齐地来到了天山脚下的达坂城，扎好了一连片的营帐。原来大风刮失了的人马一个不少，也归了建制。众将士一鼓作气，大败阿古柏。

左宗棠班师回京后，向皇帝奏明了二位道士的情况。皇帝犹豫起来，他想，叫二位道士来京封官不难，可他们毕竟是风妖，要是今后有什么不顺心的事情，闹起事来，京城不就被风暴毁了吗，于是就把此事放下了。左宗棠再三申诉，无奈圣命难违。

二位道士在天山苦等，一等不见动静，二等不见动静，知道此事难成，一想起来就发狂发怒，兴妖作乱，在了墩、十三间房飞沙走石，树没了，草没了，沙尔湖水也被沙子埋了，成了"百里风区"。

小草湖

兰新铁路哈密、鄯善间的百里风区，是寸草不生的。因为暴虐的狂风，早已将这里的尘土刮得一干二净了。地面上，只留一层均匀的青色鹅卵石。可是，在小草湖站铁路以南西边不远的地方，有一片球场般大小的草滩，仿佛一片碧波荡漾的水池，风再大，也从来没有刮走它，这是怎么回事呢？

据说在高昌回鹘时期，有一个叫萨迪克的小伙子，被狂风吹进了戈壁，干渴使他失去了知觉。正在生命垂危之时，有一位去七角井盐池驮盐的姑娘发现了他，那姑娘一手拿着水壶，一手温柔地捧起萨迪克的头说："不幸的可怜人，请饮点儿水吧。"

姑娘水壶里甜甜的水，使萨迪克活了过来，姑娘甜蜜的话语，使萨迪克恢复了神智，萨迪克想，任何事物的命运都有真主的安排，姑娘是不是上苍送来的意中人呢？于是，他就盯着姑娘那一双巴旦杏般漂亮的眼睛求爱。

姑娘听了，心里像敲响了欢乐的羊皮鼓。虽然她对萨迪克也一见钟情，但姑娘家毕竟不好启齿，就顺口开了句玩笑，应付说："那你在这儿挖水种田，等着我回来吧！"

说完，姑娘嘻嘻地笑着，黄羊般轻盈地上路了。

萨迪克是个忠诚的痴情人，就真的留在这开始挖水种田了。

几个月后，姑娘早把自己的玩笑忘记了，可她再次经过这里时，却被面前的一切惊呆了。萨迪克由于干渴和劳累，已经死在这块戈壁上了。姑娘好后悔啊，她痛不欲生，喊着痴情郎萨迪克的名字，哭了起来。后来她因悲伤过度，也倒下了。

说也奇怪，虽说姑娘的泪水又苦又咸，但她洒过泪水的地方，长出一片旺盛的草来。无论风暴怎么刮，烈日怎么晒，小草长在这片戈壁上，年年如故。人们就叫这里小草湖了。

如今，多少年过去了，修筑兰新铁路的整整一代人和后来者们，为了边疆的建设，像萨迪克一样痴情，把自己一生最宝贵的年华，都献给了这风区的戈壁小站。

献身风区的兰新铁路职工，就是人们尊重的无名小草。当列车路过小草湖站时，向他们致敬吧！

夏普吐勒

盛夏，列车在火焰山北部西去，大地像火焰刚刚退去，全是暗红色。面前闪过一个小站——夏普吐勒，前面就是吐鲁番了。在这之间，坦荡起伏的荒野裂开了一条令人生畏的深沟，百十米的下面，溪水弯弯曲行和谷底绿油油的一片一闪而过……

据说，很早以前，这儿长满了绿草和鲜花。有许多天国的仙女们居住在这里，她们容貌娇娆，心地圣洁。每当月色朦胧，仙女们就在这枝繁叶茂的花园里轻歌曼舞，引来百鸟争鸣，柔风似水，连空气都荡漾着醉人的惬意。在歌舞中，只见她们把艳丽的花朵向四处撒去，鲜花飘落的地方，就长出了丰茂的庄稼、树木、草原、花朵。这里到处是绿色的原野。人们感谢这些天国里的女儿们，给人间带来幸福美满的日子。

谁知，有一个黑了心的家伙，对仙女们开辟的这块地方十分眼热，他召集了不少邪恶的魔鬼，强行侵占了这块地方。

他们要仙女们陪着寻欢作乐，还要当地百姓给他们进贡。仙女们当然不答应，但邪恶的魔鬼有些手段，仙女们斗不过，百般无奈，愤然地离去了。仙女们走了，也带走了灵气，这儿就变成险恶的不毛之地了。后来，上天知道后，惩罚了那些邪恶的家伙们，把他们关进了克拉玛依的魔鬼城。但那些仙女们却始终害怕再受凌辱，再也没回来。

　　铁路修通后，有一些维吾尔族姑娘来到这里，学会使用火车运来的拖拉机、抽水机，引种了许多的花草树木，办起了园艺场。靠她们的汗水，收获了大量的葡萄、瓜果，装上火车，运往祖国各地。她们还向铁路建议，将这里称为"夏普吐勒"，维吾尔语意即桃花源。是为了召唤那些天国的仙女们重回人间呢，还是歌颂今天繁荣昌盛的美丽家园？这些，你去问那些欢乐的维吾尔姑娘吧！反正你已经知道了，夏普吐勒站，为什么会有这样一个好听的名字。

天山脚下达坂城

"达坂城的石头圆又圆,西瓜大又甜,达坂城的姑娘辫子长,两个眼睛真漂亮。"一曲民歌,使达坂城名扬四海。

达坂城距离乌鲁木齐七十多公里,是从吐鲁番盆地穿越天山峡谷到北疆各地的交通要塞。达坂城以南是气候炎热的火洲,以北则是轻风凉爽的草原,兰新铁路从这里要钻过莽莽天山山脉。山北面是陡峭的山崖,南面是景色万千的峡谷风光,白杨河淙淙长流,从北往南终年奔腾,沿河两岸,不仅有茂密的原始胡杨,还有艳红似火的怪柳,盛开着各色花朵的灌木丛。火车从吐鲁番起在山谷中运行一个多小时,钻出群山,豁然开朗,就到达了田野广阔、草木丰美的达坂城。

达坂城因为地形险要,所以自古以来就是军事要塞。听当地人讲,这城在很古很古的时候叫做"喀喇巴尔葛逊",意即"黑虎城"。说是达坂城一带的天山群峰里,有一个黑虎精灵,一心向善,它平时潜心修炼,一旦烽烟起,战火烧起,它总是扶佑正义的一方。

远的不提,近一点的时候,也有这些事儿流传下来呢:清朝同治九年,阿古柏在盘踞了新疆南部七城之后,又由吐鲁番出兵,占据了达坂城。当他想以此为据点,向乌鲁木齐发动进攻时,据说那时黑虎就吼了几吼,虎威冲天化成了雷电,结果一场倾盆大雨从天而降。

那雨也真是绝了,只是往阿古柏的兵营中下,并不下在广阔的草原。雨越来越大,冲走了阿古柏兵营中的粮草,而草原上百姓的羊群,却安然无恙。阿古柏攻打乌鲁木齐的人马,既无援兵,又无粮草,溃败了回来。阿古柏恼羞成怒,劫持人畜、焚烧村堡,搞得天怒人怨,被人民赶出了达坂城,最后崩溃灭亡。就是这样,那黑虎成了忠义象征,人们有时为了表示守信,还以达坂城黑虎精灵的名义起誓呢!当然,说都这么说,谁都没见过。

有人说,穿行在达坂城天山峡谷中火车的声声汽笛,倒满像那黑虎的啸声呢!

盐　湖

据史料记载，兰新铁路修建到盐湖的 20 世纪 60 年代初，由于国家遭受自然灾害等原因，无力继续，停滞了好长一段时间。盐湖成为到乌鲁木齐的临时终点站。当时铁路工人的心里，一定和盐湖的水一样，又苦又涩。

盐湖由东盐湖和西盐湖组成，属典型的内陆咸水湖。以湖中盛产盐而得名，同时伴有丰富的芒硝等盐化工矿产。

相传当年西王母接到通知，准备去赴蟠桃会。她正在精心打扮时，赤脚大仙慌慌张张地赶过来报信，说是齐天大圣孙悟空接受招安做了弼马温以后，偷吃了仙桃，又从众仙女口中得知天界根本没有把他放在眼里，恼羞成怒，使用手段定住众仙女，扬言要大闹蟠桃会，这阵子不知去哪里折腾呢，要诸位仙家小心为妙。

赤脚大仙扭头看见西王母身边的侍女，就大声叮嘱她更要小心。赤脚大仙说话嗓门过大，侍女大吃一惊，手中掉下一颗西王母护心珍珠，珍珠落到博格达峰顶，又顺势滚落到博格达峰脚下，震裂出大小两个坑，就形成了今天的东西盐湖。侍女一见铸成大错，吓得不由泪流满面，两滴泪珠掉下来，成了苦苦的、咸咸的盐湖湖水。好在西王母没有过多责备，只是让侍女今后多加小心，不要毛手毛脚。

晶盐湖的盐平滑光洁，日照透明，有人说是西王母护心珍珠摔下来的碎片。因为盐湖湖水中含有丰富的矿物质，可以像珍珠粉一样消炎、去皱，祛除多余油脂和角质层，收敛粗大的毛孔，使皮肤爽滑细嫩，特别是对皮肤病有着很好的疗效，对于风湿性关节炎患者，可以减少疼痛，缓解病情。

艰苦岁月过去了，人们就像生活中不能缺少盐一样不能忘记那些艰辛。

妖魔山和老君庙的传说

乌鲁木齐火车南站建在妖魔山北边的山脚下。

这座山怎么会叫这样一个奇怪的名字呢？妖魔山西边有一座老君庙，老百姓相传是乌鲁木齐从古到今以来最有灵气、规模最大的一座道观，到那里或许会找到答案。

现今我们见到的老君庙，是新疆生产建设兵团104团本着保护文化遗址的原则，耗资3 000多万人民币在原址基础上重新修建的，有三重大殿，四个偏殿（分别是灵官殿、玉皇殿、老君殿，文昌殿、慈航殿、财神殿、药王殿）。

说是清朝大才子纪晓岚流放新疆，途经此地的时候，梦见太上老君为他托梦，帮他化解人生当中的坎坷，并赠送他一个平安锦囊，锦囊当中有这样的签文："从军万里鬓欲斑，归复从来上蓬山。"这两句话正是纪晓岚后半生的真实写照，所以至今，老君庙都保留着求取锦囊这一习俗，当地百姓家的孩子在满百日时都会来老君庙为孩子求取一个锦囊，让他一生当中顺顺利利、平平安安。说了半天，这和妖魔山有什么关系？别急，下面就说。

相传瑶池西王母收养了西海龙王送来的两条小龙，教他们修身养气，学习本领。一天西王母外出会友，两条小龙无事可做，就私下相约，出山玩耍。两条小龙毕竟年少无知，带出瑶池的水太多了，将瑶池附近乌鲁木齐一带淹没了。无数的人畜瞬间在大水中消失了。两条小龙没有察觉，依然兴风作浪，搞得民不聊生，怨声载道。天庭值班的太上老君知道此事后，慌忙到此把两条龙收服，压在山下。老百姓不知道作孽的是两条小龙，误以为是什么妖魔，就称此山为妖魔山。两条小龙闯祸以后，很是后悔，就每过一些时日，前来妖魔山降雨，使乌鲁木齐变成了优美的牧场。

到现在只要是妖魔山上出现乌云，乌鲁木齐必然会下大雨，有这样一句话："云照妖魔山，地下水飘船。"百姓们为了感谢太上老君，在此修建了老君庙，希望太上老君保护这一片土地风调雨顺以及百姓们的平安。

铁路是钢铁长龙。那两条无知小龙要是在今天，一定会以铁路这个钢铁长龙为榜样，造福一方的。

乌鲁木齐火车西站"百户路"的由来

在乌鲁木齐火车西站有一条道路叫"百户路",这条路可是因为有了兰新铁路,有了铁路职工,才有的一条道路。

1962年,兰新铁路通车乌鲁木齐,铁路上许多检修基地都建在了火车西站。那时候火车西站是一片荒野,来自天南地北支援新疆铁路建设的人们,从此就要在这里扎下根。

车辆段有一个来自东北的小伙子,在这里结识了车务段的一个湖北姑娘,两个人很快就相爱了。当人们祝贺他俩将要在这里成家立业的时候,一个难题摆在了他俩的面前,没有房子,有情人难成眷属。那时候国家修建兰新铁路是挤出的资金,特别是建设新疆,到处都需要大量的资金,没有多少钱来盖房子,有不少人还住在报废的火车皮上呢。

一天晚上,姑娘做了一个十分甜蜜的梦,她梦见在一条小溪旁边,长满了青青的绿草,和自己的男朋友讲的家乡东北小村庄一样,有了一个自己的小家,小家院落里有果树,有菜园子。

天亮了，姑娘笑了，她面对的仍然是一片荒野。姑娘把这个梦当成笑话讲给了男朋友，很快就忘记了。可是小伙子却牢牢记在了心里。

一天雨后的傍晚，俩人相约去散步，在离火车站东边不远的地方，从铁路一侧的山上流下的水流，穿过铁路的涵渠，在他俩脚下的荒野上弯弯曲曲的穿行，水流两旁还生长着茂盛的绿茸茸的小草。小伙子激动了，对姑娘说，看，这不就是你梦中的地方吗。姑娘这才记起来自己的梦，一下子惊讶得说不出话来。

小伙子激动地叫上自己的工友们，在这里打土坯，很快就盖出了一间挺不错的房子，用石灰一刷，太耀眼了。小伙子如愿以偿，迎娶了自己的新娘。

打那开始，铁路上的人们纷纷仿效，自己动手解决住房问题。车辆段、车务段、工务段等铁路单位大力支持，逐渐有近百户铁路职工家属住在了这里，这里的人们虽然来自天南海北，都是一样热爱生活，家家院内栽花种树，还有的开起了菜园子，养起了鸡鸭，欢声笑语，好像一个大家庭。大家给这里起了一个地名，叫一百户。

由于都是铁路职工家属，大家团结一心，互敬互助，上班的走了，不上班的家属们担负起了看孩子，护院子的责任，日子过得可红火了。

后来市政规划道路时，就沿用了这个称呼叫这里"百户路"了。

如今百户路上车水马龙,两旁高楼座座,早已今非昔比了。但是百户路曾经的故事,已经成为乌鲁木齐火车西站变迁发展历史永远的回忆。它毕竟留下了兰新铁路创业史的精彩一笔。

玛纳斯

从乌鲁木齐西去，一片片肥沃的绿洲，就一一在车窗外闪过。

玛纳斯河两岸，也是这样的风光。如果你在玛纳斯车站留心观望，只见林带整齐，田畴方正，随处可见红的、黄的、白的花儿竞相开放。连这里的空气都弥漫着花草的气息，甜丝丝的，沁人心脾。

这里的原野是豪放的，这里的人们也是豪放的，一个个全都热情好客，特别的好心肠。他们会告诉你，这里有一个叫玛纳斯的城，一条叫玛纳斯的河，还有一个叫玛纳斯的湖。这些城镇、河流、湖泊为什么都要叫玛纳斯呢？有人还会给你讲一段有关玛纳斯的故事。

在很多年以前，有一个勤劳勇敢的人叫加库甫。他的生活和普通的人们一样，十分幸福欢乐。可是美中不足，他已年过半百，膝下没有一个孩子。加库甫平日最喜欢孩子，无论是谁的孩子，他都抱起来亲亲热热地逗上一阵子。他多么想自己也有一个孩子呀,于是,加库甫开始乞求真主,请真主赐给他一个孩子。

心诚则灵,不久,加库甫的妻子怀孕了。加库甫真是欣喜如狂,他天天盼望着自己的孩子降生。十个月过去了,孩子没有生,一年过去了,孩子仍没有生,一直过了二十个月,加库甫的妻子才产下一子。

这孩子就是玛纳斯。

玛纳斯十分聪明好学,他看见大人骑马也要骑,一上马就学会了。他看见大人射箭也要射,一射就中了目标。反正,他学什么会什么。很快,玛纳斯成了一个有名的猎手和骑手。人们都说这孩子有虎一样的胆量,有狮子一般的性格。

玛纳斯不光学什么会什么,心肠还特别好。他看到当地人们的生活很苦,就把自己打来的猎物随便分给人们。有时不够分,他就把自己家的羊和打好的奶子也分给大家。他还特别喜欢打抱不平,所以许多人有事都乐意找他。

他父亲加库甫为此很担心,就对玛纳斯说:"你出生的奇怪,办的事情也奇怪。你如今长大了,你自己谋出路去吧。以后要招惹出什么是非来,不要连累我们就行了。"

就这样,玛纳斯开始流浪。他走遍了绿洲、草原、沙漠、戈壁,帮助人们做了许多的好事,交了不少的朋友,许多人都喜欢他。后来,他为了当地穷苦人民的利益,带头起事。他打击强暴,保护穷人,为当地的人民争取来了和平和自由。

玛纳斯去世以后，大家为了记住他的英名，就用他的名字命名了城镇、河流、湖泊，以纪念他的功绩。关于玛纳斯的故事，那可几天几夜也讲不完呢！

据说，玛纳斯一带人们热情好客，特别的好心肠，就是从那时候传下来的呢！

如今，玛纳斯车站的铁路工人们，也在为旅客们热情地服务，不断地努力提高自身的服务水平呢。

棉花的传说

火车经过石河子,行进在北疆大地,希望的田野上最多的就是棉花了。新疆的棉花绒长,耐旱,产量高,通过火车运到祖国的四面八方,深受各行各业的喜爱。

棉花,多么神奇的一种植物,叫它庄稼,五谷中没有它;叫它花,万花丛中没有它,但它实在比所有的花朵都更美丽。所有花朵都是要凋谢的,但棉花不会,棉花像极一个温柔善良的女子,用自己的一生温暖地陪伴着我们沉沉的睡眠、长长的梦境,温暖着我们的肌肤和灵魂。

关于棉花,有一个美丽的传说。

很久很久以前,大地上并没有棉花,寒冷的冬天,人们无奈地发愁怎样苦熬过去。在一个偏远的小村庄,一个孤儿被取名吴寒,意思是希望他可以没有寒冷。每年的冬天都是个巨大的考验,只有等到太阳出来,寒风中瑟瑟发抖的吴寒才能感到一丝暖意,每次出太阳的时候,他都会羡慕地看着太阳旁边的白云,那里应该会很暖和吧。

有一年冬天特别冷，已经长大了的吴寒眼睁睁地看着养育自己成人的乡亲们挨冷受冻，心中焦急，又无可奈何。

他看见太阳旁的白云想，云彩天天被阳光温暖着，肯定很暖和，要是能采下来，乡亲们就不会挨冻了！于是吴寒在寒风中启程了，他坚信只要爬上天边最高的山一定能采到白云，他要用那些白云温暖寒风中的乡亲。

吴寒来到山脚下，下定决心，一步步向山上爬。草鞋被脚下的冰雪冻住了，他脱下草鞋继续爬；衣服被山上的树枝划破了，他裹裹衣服继续爬；草帽被呼啸的风卷走了，他头也不回地继续爬！终于，离山顶越来越近，越来越近了。温度开始升高，身体渐渐的暖和了，但是，他太累了，眼前一黑，晕了过去。

等他睁开眼睛，发现自己躺在一个温暖的怀抱里，一个花一样美丽的姑娘正用手温暖着他的脸庞。"你是要上山顶吗？"这个姑娘问道。吴寒忙坐起来点头："嗯。"然后告诉她自己要采白云救乡亲们的事情。姑娘被他的善良勇敢感动了，告诉他自己的名字叫棉，在这里靠采集雪莲为生。并且告诉他从来没有见过有人能靠近山顶，想靠近的人都被太阳烧了。

"不管有多困难，我一定要采到白云！"吴寒没有被吓倒，坚定地说。

棉被他的决心打动了，决定帮助这个善良的小伙子。领

棉花的传说

路向山顶爬去，温度越来越高，才爬一会儿两个人已是汗流浃背。老天似乎被打动了，厚重的云层飘来，挡住了灼热的阳光，在云朵的掩护下，二人终于爬到了山顶。

白色的云朵，轻柔地飘荡着，山下美景尽收眼底，吴寒顾不上欣赏，忙伸手去取那些暖融融的云。

这时一阵狂风吹来，那遮挡太阳的云层飘动起来，灼热的阳光照了过来，棉想都没想抱住一片云，挡在了吴寒面前。吴寒采完白云，这才发现棉的身体已经被太阳侵蚀得差不多了，顿时惊呆了。

"快走，乡亲们还在等你呢。"棉用最后的力量将吴寒推下山顶，融化在炙热的阳光中。

吴寒抱着柔软的白云滚到山下，仰望着那高高的山顶，忍不住潸然泪下，眼泪打在怀里的白云上，白云渐渐缩小，变成了一颗颗种子。吴寒和乡亲们试着把这些种子种到地里，等收获的季节，乡亲笑了，真的结出了白云一样的花朵！

从此人们不再惧怕寒冬，有人问这种新植物的名字，吴寒便会深情地告诉他们：棉花。

奎屯——今夜不再寒冷

"奎屯"是蒙古语的译音,意为"极冷",始见于《元史》"奎腾"这个地名,此名源自奎屯河。相传成吉思汗西征时,军队夜宿于此,正值寒冬,又突降寒流,兵士口呼"奎屯",好冷!因此得名。

据说,公元1219年冬天,成吉思汗率领的蒙古大军西征至一座无名独山脚下,留宿过夜。在大山南麓平原上,布置宿营,按照草原民族的传统习俗,围成一个又大又圆的古列延,首先把成吉思汗的金帐置于古列延正中央,以金帐为中心点,画了一个大圆圈,沿着圆圈搭建了一排排蒙古包,堆放了一辆辆勒勒车。就这样形成了一个完整的古列延,这种古列延的用途和目的就是防御野兽的袭击和抵御敌人的偷袭。傍晚,在古列延上空一股股青烟,缥渺缭绕,在一顶顶帐篷里火炉旺旺,热气腾腾。在古列延外面战马嘶鸣,吃草觅食。长途跋涉,极度疲惫的士兵们一回到帐篷,栽倒地铺,昏昏入睡。

刚过午夜时分，北风呼呼，大雪纷纷，天色灰蒙蒙，大地白茫茫。从山上吹来的寒风夹杂着冰雪，肆无忌惮地奔腾着，呼啸着，吞噬着整个古列延。凛冽的寒风透过了毛毡，帐篷里冰冷刺骨，士兵们正在做着美梦，忽然觉得寒风一丝一丝侵入体内，宛如针扎般的刺痛。被寒风冻醒的士兵们，有的手脚麻木，有的全身僵硬，有的瑟瑟发抖，有的颤抖不止。缩卷在皮被里的士兵们不由得喊出"奎屯"。"奎屯""奎屯"的喊声一声接一声，一直持续到第二天早晨。

"奎屯"，故此得名。

现在，位于新疆天山北麓的奎屯和乌苏、独山子两市一区，相互间距离均为十余千米，呈三角形分布，被称为北疆"金三角"。兰新铁路通车后，奎屯迅速成为一座现代化的以石油化工为主，酿酒、卷烟、针织、毛纺、棉纺、化工、印刷、造纸、塑料、食品等门类齐全的工业城市。这里人口密集、产业集中、交通便利、经济发达，成为新疆区域经济发展中受到广泛关注的热点和亮点。

成吉思汗率领的蒙古大军西征留宿过夜的独山脚下，已是集炼油、化工和炼化工程建设、检维修一体化的中国西部重要的石油化工基地。夜晚石油化工各种聚化塔、传送带火树银花，灯火通明。

奎屯——今夜不再寒冷。

乌苏瑞应

乾隆二十年,为了稳定西部,乾隆皇帝两次降旨发兵,远征万里之遥的伊犁。谁知出师不利,被困于黑水城,引出一段动人的传说,这些就发生在如今兰新西段的乌苏车站。

如今的乌苏,早已看不出古战场的痕迹了。在当年"一川石头大如斗,风吹芦苇蚊子咬"的荒原上,放眼望去,已是杨树参天,青绿相间,城乡富庶,车水马龙了。可当年那队奉旨远征的将士,在这里度过了好几个月永生难忘的、有惊有喜的日子。

却说那一日,乌雅氏武毅谋勇公兆惠统兵深入,遭到了伏兵,苦苦厮杀了一整天,还是突不出重围,只好就地扎营。当大家扎好营寨后,稳下神儿来,才发现这里无柴无水,是一片戈壁荒滩,别说是打仗,连吃饭喝水都成了问题。这下可是糟透了。因为即使等待援兵,从西安出发,可不是今日火车一坐三四天就到了。那时骑马奔驰,最快也得三个月,况且消息又传不出去。远处分兵的西域人马,都在各自苦战,谁也抽不出手来支援，一时间，军中人心大乱。

天亮以后，敌兵也看出了苗头，他们将兵马撤至绿洲边缘，用几十万人马，围困住这只有几千的兵将，想让兵将们饱尝饥渴，不攻自破。兆惠知道这样不行，但又无可奈何，只好听任日子在这样对峙中过去，听天由命了。

连着好几个夜晚，兆惠都焚香祈求上苍，但总没个结果。这日，兆惠祈求之后，仍无动静，就起了肝火，借着饮了几碗酒，破口大骂起来。他怨天怨地怨人怨了个遍，然后躺在床上大睡。正在这时，兆惠望见沙碛中有火把，他以为敌兵要来偷营，急令军中做好准备。等他率将官们前去查看时，只见那火光中，有一巨人长丈许，衣冠严整，由几个侍从秉烛前导，虔诚严肃地向东拱拜。没容兆惠看个仔细，那情景悠然消失了。兆惠正奇，猛地醒了过来，才知是做了南柯一梦。他想着梦中情景，百思不得其意。却有兵士来报，说是军中冒出一个粮囤，还出现了一片树林和一条河流呢！兆惠不信，忙去查看，真是奇了，事情和兵士讲的一模一样。兆惠这才醒悟过来，自己所率是保卫疆域的正义之师。才有瑞应之象，才有神灵暗中相助，才会大难不死的。喜讯在全军迅速传开，军中大震。将士们要吃的有吃的，要喝的有喝的，自然不再慌乱。军中一切都变得井井有条了。围困的敌兵见此，纷纷惊诧，知道大势已去，匆匆撤兵而走。

就这样，被围困了三个多月，兆惠军中不见削弱，反而得以整修，这支军队后来还建立了许多奇功呢！后来，乾隆皇帝闻知此事，特意书写了一篇"黑水行"的文字，将此事记下，以祭上天，以谢天心佑顺呢。其实。人不管在什么时候，只要不失去信心，都会有办法战胜困境，朝着目标奔去的。

今天，随着兰新铁路西段的通车，乌苏这个古往今来的驿站，还会出现新的瑞应的。不过，那可不是靠神灵，而是通了火车，搞活了经济。要想富，修铁路，大概就是这个理儿吧！

四棵树的故事

四棵树，位于乌苏西 36 千米。400 年前是清代库尔喀喇乌苏到伊犁途中的一个驿站。当时这里主要居住着蒙、汉两个民族，开设有多家客栈、饭馆、馕房、货店。街道边有四棵参天老榆树，每棵树四五人搂抱不住。于是，当地居民和来往过客就"因树制宜"将四棵树作为地名，将流经这里的一条河也称作四棵树河，传而广之，沿用至今。每年四月，榆钱花开的时节，这里的老人都会讲起一段榆钱树的故事：

从前，有两个穷书生，一个名字叫于树，另一个叫俞钱。二人同在一个书院读书，互进共勉，相互照顾，情投意合，不久两人义结金兰，结拜成为兄弟。

一年四月，二人收拾了行李进京赶考。一路上，二人顶烈日、跨戈壁、淋大雨、翻山岭，历尽饥饱寒暑。不巧天又刮起了干热风，他俩面前的一片荒漠难以穿行。俞钱受了热火攻心，病倒在路上，于树急忙请医生抓药、煎汤喂饭，细心侍候。等到俞钱的病好了，赶考的时间也快要到了，想要穿越面前的荒漠，必须雇佣骆驼，而他俩盘缠也不够了。于树决定把两人的路费凑在一起，雇一匹骆驼，送俞钱一人去参加考试，免得落个"两耽搁"。

第二天，兄弟二人在大路上挥泪告别，俞钱骑骆驼去京城，于树哥哥徒步还乡。

弟弟俞钱骑骆驼穿越荒漠后，顺利进京。刚好赶上了考试。三场试毕，金榜题名，中了殿元。正巧，御林军中缺一名钱粮官，他便走马上任。刚开始，俞钱还算清正廉洁，可没过多久，在白花花的银子、黄灿灿的军粮堆前，他就昏了头脑。他千方百计地往自己口袋里扒拉钱财，还时常祸害老百姓，巧取豪夺，变成了人中一害。

再说于树回到家中，正赶上干旱炎热的年景，连肚子也吃不饱。人们听说俞钱在京城做了钱粮官，就劝于树去趟京城。于树也想叫俞钱帮乡亲渡过难关。谁知黑了心的俞钱，看见穿着破烂、面黄肌瘦的于树找上门来，认为是给自己丢人现眼。他皱着眉吊着脸，拿出二两银子，打发于树赶快回家。于树见曾与自己同甘共苦的兄弟竟变得如此无情无义，"咣当"一声把银子摔在地上，转身就回家去了。

于树回到家里，一边忍饥挨饿，艰难度日，一边面壁奋发，努力学习。又过了三年，又是四月，皇科又开，于树中了头名状元，朝廷安排他在刑部衙门做了官。一天，他审理一桩贪污案，案卷上赫然写着俞钱的名字，他暗自思忖：难道他就是当年的兄弟?果然,囚犯押上公堂,俞钱见到于树,连忙跪倒,连声高呼:"哥哥饶命!"十分狼狈。但法不容情,最终俞钱因为作恶太多被判了死刑,落得身首异处的下场。于树厚葬了俞钱,还担起了奉养俞钱父母的责任。

第二年四月,俞钱的坟头长出了四棵小树,大家说这是隐喻俞钱为官四年,人们依俞钱的名字叫它们为"榆钱树",榆钱树开出小铜钱样的花瓣,大家说那是俞钱为官四年贪污的钱币,不会长久。果然,时隔七八日,长的密密匝匝的榆钱儿就随风飘走了。

每年榆钱开花时节,这里的孩子还会唱起一首儿歌:"榆钱儿,喷喷香。吃过榆钱长记性:做人要本分,当官要廉洁。贪污腐败无好报,遗臭万年人人恨!"如今,那四棵老榆树不复存在,地名和故事依然在流传。

托托——被冤枉的大鸨

过了四棵树之后,继续西行,就会经过一个叫"托托"的小站。托托,旅客们对于这个地名,大多都会在疑问中留下深刻的印象。还有旅客别出心裁地分析说:"托托,托托,是个什么坨坨呀?一个土疙瘩吗?还不如叫疙瘩呢。"这种特殊的叠字地名非常罕见。托托,是蒙古语,是一种鸟的名字,就是地甫鸟,也叫大鸨。原来,该处有一条托多克河,该河流域在过去曾经是大鸨的集中栖息地。托托火车站也因此而得名。

地甫鸟,学名叫大鸨,是草原珍禽,俗称羊甫鸟、野雁。属于濒危珍稀的国家一级保护动物。大鸨的样子长得像大雁,但背阔腿长,身体比大雁还大,不但是草原上最大的鸟,也是世界上体形最大的飞行鸟类之一。大鸨的羽色多样,上体棕色而有黄褐色或黑色的斑纹,腹部则全为白色,两只翅膀为灰白色,飞羽是黑色的。雄鸟的喉部近白色,并生有类似胡须的纤羽,雄性特征非常突出。而雌鸟体形较小,喉侧不生长类似胡须的纤羽。大鸨的腿很长，脚趾只有三个，飞不高，飞不远，但是在草原上快跑如飞。大鸨通常成群活动在广阔的草原上，食性很杂，主要吃植物的嫩叶、嫩芽、嫩草、种子以及昆虫、蚱蜢、蛙类等动物性食物，特别是吃象虫鼻虫、油菜金花虫、蝗虫等农田害虫，也是牧区害虫的主要天敌。大鸨生性机警，取食时，必有一两只鸨四处瞭望放哨，稍有动静，便奔跑起飞。快速助跑后可以腾空飞翔，飞行时颈部弯曲，两腿向后下方斜伸。大鸨几乎不会叫，因为它的鸣管已经严重退化了，因此也被人们称为"哑鸟"。

正是由于没有声息，悄悄活动，老百姓看不到大鸨生活的全部，雌雄大鸨的羽毛颜色很相似，在每年的春末夏初繁殖期，雌雄鸟轮换孵卵时，筑的窝巢十分简陋，只是在地面上挖个两寸深的浅坑，其内铺一些干草，人们误认为巢内孵卵的鸟不变，只有雌鸟没有雄鸟。想当然地认为大鸨行为放荡，是一种能和任何雄鸟配对的"万鸟之妻"，使雌鸨长期错戴了"万鸟之妻"这顶恶名的"帽子"。

另外，大鸨的雌雄鸟身体差异非常大，雄鸟比雌鸟大一倍还多。往往雄鸟身高1米，体长1米左右，两翼张开后可达2米多，体重约10千克，有的甚至达15千克。相较之下，雌鸨个体明显较小，喉侧光光的没有一根纤羽，身高不足0.5米，平均体重仅3.6千克左右，有人就以为它是另外一种鸟，并且给它起名叫"石鸡"，把雌雄鸨误认为是两种鸟类。

古人还牵强附会引用开来,将开设妓院的女老板叫老鸨。这一冤枉,就冤枉了大鸨几千年。

今天的托多克河流域一带,由于生态环境的恶化,人类活动的干扰以及偷猎等,已经难见大鸨的身影了。

了解了"托托"火车站名的来历,不禁叫人有些遗憾,可谓"大鸨一去不复返,此地空有托托名"。据说已经有人在进行大鸨的人工饲养,但愿这一物种重新恢复起来吧。

艾比湖畔的爱情故事

兰新铁路通车阿拉山口不久,艾比湖涨了水,几乎将沿湖而建的铁路泡垮,有人想起湖畔的胡杨林,砍了一些树枝栽上减少冲刷,保证了铁路无恙,蒙古族牧民说这是巴特和琼茹的子孙像他们祖先一样做善事呢。

艾比湖系蒙古族语,意思是向阳的湖,海拔189米,面积600多平方千米,是新疆仅次于吐鲁番的第二低地,有大量的食盐、芒硝、卤虫资源。湖畔是由方圆百里的胡杨林、梭梭林、芦苇荡构成的原始生态区,是马鹿、黄羊、野猪和野鸭等多种野生动物理想繁衍栖息地。浩瀚的艾比湖像一个黛色宝镜,雪白的盐碱镶嵌在宝镜的四周,形成一圈素雅的银边。

传说在很久很久以前,艾比湖湖畔的蒙古族牧民中有一个叫巴特的小伙子,他长得英俊健壮,热情潇洒,还透着纯朴无邪。他的父母都已年迈体弱,兄妹四人,他是老大。家里日常的放牧和繁重的家务也都全靠他。虽然他这么年轻就挑起了家庭生活的重担,但并没有显得稚嫩和手忙脚乱,反倒显得很老练。天还未亮，便早早地起来做好饭，待父母和弟妹吃完饭，他再去放牧。放牧归来把畜群圈好再回毡房来做饭。他爱唱歌，他的歌喉高亢嘹亮，充满激情。

有一年的春天，巴特在放牧中挥鞭纵情高歌，歌声里燃烧着他一腔炽热的青春之火，迸发出他对爱的渴望和追求，歌声随着融有花草芬芳的风传向四面八方。此时，正在花草丛中游玩的神兔夫妇的几个女儿被巴特声情并茂的歌声所吸引，尤其神兔的四女儿琼茹更是听得如痴如醉。

神兔的家在阿拉套山的一个山洞里。据说他们祖上和天宫里的神仙本有着亲缘关系，后因惹下祸事，被驱逐出天宫来到凡间，这对白玉兔羡慕人世间生活，变成了人的模样，并结成了恩爱夫妻。

他们夫妻俩陆续生下九个女儿，个个长得如花似玉。但他们夫妻俩喜欢攀高结贵，找女婿的眼光瞄准了天神五斗星君、上八洞庭湖、三清四帝这一类仙家的公子哥儿。九个女儿已嫁出去三个，都是攀上了高贵门户。他们已答应将四女儿琼茹许配给黄角大仙的公子。可琼茹却从内心里看不上这位黄角大仙的公子。当她被巴特的歌声所吸引，她便动了芳心。

琼茹找借口骗过家里人，变做一个牧民姑娘前来见巴特。巴特也很快被这位美貌无比、温柔贤惠的琼茹姑娘所征服，一下子就堕入情网，两个人的感情如胶似漆，一会儿也不忍分开。巴特全家都为这天生一对的美满结合欣喜若狂。附近的牧民们也都高兴地以各种方式向他们俩表示祝贺。后来琼茹的五个妹妹知道了,也都悄悄为他俩祝福。 然而,这缠绵甜蜜的爱情仅仅持续了八天,就被黄角大仙知道了。黄角大仙大为震怒,认为这是对他的莫大侮辱,立即前来捉拿琼茹和巴特。尽管琼茹和巴特被打得浑身是血,但是毫不屈服,他们俩人的血泪融合在一起,不停地溅落在艾比湖畔,凝结成了"红玛瑙""紫葡萄""白玉"般的石头。

　　黄角大仙见巴特和琼茹决不从命,便将琼茹和巴特杀了。琼茹和巴特死后,他们俩的灵魂在天地间飘荡,这一对灵魂融合在一起,借着雨水,深深地渗透在土地里,后来盘根错节地长出了两棵胡杨树,像两个人亲密地拥抱在一起的样子,后来被人们称为"夫妻树"。艾比湖畔的胡杨树都是他们的子孙后代,越来越多,枝繁叶茂。

　　琼茹和巴特死后,他们的父母敢怒不敢言,不敢得罪黄角大仙,日夜暗自流泪,琼茹的几个妹妹也哭泣不止。泪水汇在一起,顺着博尔塔拉大地上所有的沟和渠不停地流,流成了博尔塔拉河、精河、奥特克西尔河、哈日图热格河、阿恰尔河。这些河水从四面八方汇入艾比湖,所以艾比湖水混浊,味道是咸的,苦涩的。

　　每年的春季,数万只天鹅和其他一些鸟类都飞到这里,在艾比湖湖畔不停地盘旋鸣叫,以表达对巴特和琼茹这对恋人的怀念和对巴特父母兄妹的同情。

多彩的山口

阿拉山口,是兰新铁路的最西端,从这里向西将进入哈萨克斯坦境内。阿拉山口是在阿拉套山和巴尔克山之间形成的东南西北走向的谷地。长约 90 千米,宽为 20 千米,呈东高西低的地势,春秋季多风。山谷里长着芦苇、红柳、麻黄、索索柴、骆驼刺和许多不知名的戈壁灌木,偶尔可见灰白色的野兔和觅食的黄羊,真是一个迷人的山谷,难怪蒙古语称其为"多彩的山口"呢。

为什么蒙古牧民称阿拉山口为多彩的山口呢?说起来可是有一段美丽动人的故事呢。

很早很早以前,就有蒙古牧民在艾比湖一带放牧,那时,艾比湖可比如今大得多,四周的草木旺盛极了,牧民们过着自由自在的日子。天有不测之风云,不知道从哪里来了一个妖怪,占据了阿拉山口,打破了宁静的生活。

霎时,灾难降临,牲畜被它吃掉了许多,富饶的生活面临贫穷。当然,也有不少英雄好汉与那妖怪拼杀,却除不掉它。后来，出于无奈，人们只好与那妖怪讲和。妖怪除了要人们每年定时献上牲畜之外，还要给他一个美丽的姑娘服侍他。这可难住了人们，谁舍得自己的女儿呢？

这时有一个叫萨满的姑娘，主动要去，舍身以解除人们的苦难。

萨满姑娘十分美丽，也十分聪明，她接受了以往人们的教训，认为除掉这妖怪不能强斗，要用智慧。她趁此献上牲畜和美女的机会靠近妖怪，观察制服妖怪的办法。

终于有一天，在服侍中她探明了妖怪的灵魂之脉所在。趁着天黑妖怪睡着了，她就将剑砍在妖怪的灵魂之脉上。由于姑娘力量太小，那妖怪只受了重伤，姑娘只好用剑死死地压住那妖怪。后来，这事被佛祖知道了，他将妖怪镇在山口，收萨满姑娘做了女神。萨满姑娘害怕那妖怪再出来作恶，就用自己的头巾牢牢地罩住了它。

从此，那山口就变得丰富多彩了。据说，每年春秋所刮的狂风，就是那妖怪不服输，在拼命挣扎呢！世界上的事就是这样，有善良的人们，就有邪恶鬼怪，他们总要时不时地捣乱。

随着铁路和哈萨克斯坦接轨，亚欧大陆桥贯通了，有许多物资从这里进出。不知道这些物资在山口通过时，人们是否在和萨满姑娘的头巾相比较，看看哪个更好看？

附录　兰新铁路沿途曾经设站（乘降所）名录

兰州站-兰州西站-陈官营站-西固城站-坡底下站-河口南站-上石圈站（已关闭）-大路站-新屯川站（已关闭）-华家山站（已关闭）-龙泉寺站-高寺-马家坪站（已关闭）-营儿村-永登站-侯家庄-中堡站-屯沟湾站（已关闭）-富强堡站-华藏寺（天祝站）-石门河站（已关闭）-安家河站（已关闭）-打柴沟站-深沟站（已关闭）-岔西滩站（已关闭）-金强河站（已关闭）-乌鞘岭站（已关闭）-青河站（已关闭）-天祝站（安远镇站，已关闭）-沙沟台站（已关闭）-龙沟站-柳家台站-十八里堡站（已关闭）-古浪站-小桥堡站（已关闭）-双塔站（已关闭）-黄羊镇站-七里铺-头坝河站-武威南站-大河驿站（已关闭）-武威站-北河站（已关闭）-槐安站-截河坝站（已关闭）-红林-九坝-青山堡站-宗家庄站（已关闭）-金昌站-东大山站（已关闭）-平口峡-玉石站（已关闭）-露泉-芨岭站-小青阳口-尖山站（已关闭）-大青阳口站（已关闭）-白水泉-马莲井站-独峰顶-红山泉-东明站（已关闭）-山丹站-北湾-大桥寨-东乐站-西屯站-太平堡站（已关闭）-张掖站-郭家村-乌江堡站（已关闭）-平原堡站-沙井子站（已关闭）-临泽站-新华庄站-西里沟-明水河-高台站-沙坡-梧桐泉站-骆驼城-许三湾站-元山子-屯升站-三合-清水站-丰乐滩站（已关闭）-陈庄-上河清站-金佛寺站（已关闭）-红山堡站-王庄-东洞站（已关闭）-酒泉站-文殊站（已关闭）-双泉-嘉峪关站-大草滩站（已关闭）-黑山湖站-玉门站-新民堡站（已关闭）-鄯马河站（已关闭）-腰泉子站-赤金湖站（已关闭）-东湖-五华山站-赤金峡站（已关闭）-沙坪-低窝铺站-三十里井子站（已关闭）-玉门镇站-军垦站-二道沟-疏勒河站-河东站（已关闭）-七道沟-桥湾站-步桥-布隆基站（已关闭）-柳沟站-柳西-龙岗站（已关闭）-安北站-红卫（黑石滩）-金泉站（已关闭）-石板墩站-红岩-峡东站（已关闭）-峡口站-峡西-柳东站（黑山口，已关闭）-柳园站-柳园西-小泉东站（已关闭）-小泉站（已关闭）-大泉站-步泉-步特站（已关闭）-照东站-中照-向阳红站（已关闭）-前进-红柳河站-河西站（已关闭）-湖东-天湖站-燕东-石燕站（已关闭）-尾亚站（已关闭）-景峡站-思甜站（苦水）-翠岭站（已关闭）-翠西-山口站-土墩站（已关闭）-烟墩站-红桥站（已关闭）-东池-盐泉站-甘泉-红旗村站-东岗-黄芦岗站（已关闭）-

新光-红光站-哈密站-火石泉站-泉西-头堡站-乌拉泉站（已关闭）-二堡站（已关闭）-三堡-柳树泉站-淀泉站（已关闭）-淀西-雅子泉站-雅尔-沙尔站（已关闭）-革新-了墩站-红层站（已关闭）-红西站（已关闭）-红柳站（已关闭）-十三间房站-猛进站（已关闭）-大步站-飞跃站（已关闭）-红台站（已关闭）-小草湖站-金水站（已关闭）-红旗坎站-七克台站（已关闭）-鄯善站-红山口站-柯柯亚站（已关闭）-巴哥站-西柯柯亚-火焰山站-恰尔坎-胜金台站（已关闭）-克郎沟-七泉湖站-煤东-煤窑沟站-煤西-桃儿沟站（已关闭）-塔尔郎-夏普吐勒站-吐鲁番站-头道河站（已关闭）-三个泉站（已关闭）-天山站-后沟站（已关闭）-达坂城站-天山公社-二十里店站（已关闭）-盐湖站-盐西-柴窝堡站（已关闭）-柴西站（已关闭）-三葛庄站-芨东站（已关闭）-芨芨槽子站-乌拉泊站-乌鲁木齐站-八一宫站-乌西站（之后为兰新铁路西延线北疆铁路段）-三坪站-昌吉站-军户站（已关闭）-小土古里站（已关闭）-榆树湖-呼图壁站-大丰站（已关闭）-五工台站（已关闭）-乐土驿站-包家店站（已关闭）-玛纳斯站-石河子站-乌兰乌苏站-宋圣宫站（已关闭）-沙湾县站-安库站（已关闭）-安集海站（已关闭）-开干齐站（已关闭）-奎屯东站-奎屯站-奎屯西站-乌苏站-甘河子站-四棵树站-高泉站（已关闭）-古河站-古尔图站（已关闭）-托托站-伊里生站（已

关闭）-沙泉子站（已关闭）-精河站-蘑菇滩站-艾比湖站-博乐站-白房子站-乌兰达布森-阿拉山口站

注：1. 没有站字的为乘降所（养路工区）均已撤销。

2. 由于天祝县政府迁往华藏寺，故天祝站变更为安远镇站，后华藏寺站改为天祝站。